Japanese
Sentence Patterns for JLPT N2
TRAINING BOOK

vol. 1

Noboru Akuzawa

First Published 2018 by Amazon Digital Services LLC

Copyright © Noboru Akuzawa 2019

Email: akuzawa@gmail.com

ISBN: 9781794456778

Contents

- Preface . . . 7
- Learning Methods / how to utilize this book . . 8

あるいは (aruiwa) "or; possibly" 15
ばかり (bakari) : about, approximately 18
ぶりに (buri ni) "for the first time in (period of time)" 21
ちっとも〜ない (chitto mo 〜 nai) "(not) at all" . . . 24
だけあって (dake atte) "being the case, precisely because " 27
だけでなく (dake de naku) "not only… but also" . 30
だけましだ (dake mashi da): "one should feel grateful for" 33
だけのことはある (dake no koto wa aru): no wonder, it's not surprising that 39
だけは (dake wa): to do all that one can 42
だって (datte): because, but 45
ではないか (dewa nai ka): let's do something, why don't we 47
でしかない (de shika nai): merely, nothing but, no more than 50
どころではない (dokoro dewa nai): this is not the time for… 53
どうせ (douse): anyway, anyhow 56
どうやら (dou yara): it seems like, it appears that . 59
える / うる (eru/uru): can, is possible 62
えない (enai): unable to, cannot 65
ふたたび (futatabi): again, once more 68
ふうに (fuu ni): in a way (this way/that way/what way) 71
げ (ge): [shows signs of (for inner feelings)] 74
ごとに (goto ni): each, every, at intervals of 77

逆に (gyaku ni): on the contrary	80
いよいよ (iyoiyo): at last, finally	85
反面 (hanmen): on the other hand	87
果たして (hatashite): sure enough, really	90
以上 (ijou): because, now that	93
以上に (ijou ni): more than, no less than	96
いきなり (ikinari): suddenly, all of a sudden	99
いわゆる (iwayuru): so-called, so to speak	102
か〜ないかのうちに (ka~nai ka no uchi ni): right after, as soon as	108
かえって (kaette): on the contrary, rather, surprisingly	111
かいがある (kai ga aru): it's worth one's effort to do something	114
か何か (ka nanika): or something	117
かねる (kaneru): unable to do something	122
からこそ (kara koso): precisely because	128
から見ると (kara miru to): from the point of view of, by the look of	131
からには (kara niwa): now that, since, so long as	134
からして (kara shite): judging from, based on	137
からすると / からすれば (kara suru to/kara sureba): judging from, considering	140
からといって (kara to itte): just because	143
かと思ったら / かと思うと (ka to omottara/ka to omou to): then again, just when, no sooner than	146
限り (kagiri): as long as, while… is the case	149
気 (ki): feel like	152
っこない (kkonai): no chance of, … is definitely not possible	155
ことだから (koto dakara): it is exactly because	158
ことなく (koto naku): without doing something even once	161
ことになっている (koto ni natte iru): to be expected to, to be scheduled to	164

Entry	Page
ことにはならない (koto niwa naranai): just because… doesn't mean…	167
〜ことは〜が、(koto wa~ga) although; but	170
まい (mai): won't, intend not to	172
まったく〜ない (mattaku~nai): not~at all	175
も〜ば〜も (mo~ba~mo): …and…	178
もかまわず (mo kamawazu): without worrying about	181
ものだから (mono dakara): because, the reason is	184
ものではない (mono dewa nai): shouldn't do something, it's impossible to do something	187
ものがある (mono ga aru): [sentence-ending expression of strong judgement]	190
ものなら (mono nara): if one can do something	195
ものの (mono no): but, although	198
もっとも (motto mo): but then, although	201
もう少しで (mou sukoshi de): almost, nearly	204
むしろ (mushiro): rather, instead	207
中を (naka o): in, on	210
ないではいられない (nai dewa irarenai): can't help but feel, can't help but do	213
なお (nao): [used to add more information to the sentence]	216
ないことには〜ない (nai koto niwa~nai): unless you do something	219
なくはない (naku wa nai): it's not that…, can, may be	222
なにも〜ない (nani mo~nai): no need to	225
ねばならない (neba naranai): have to, must	228
にあたり (ni atari): at the time, on the occasion of	231
に反して (ni han shite): against, contrary to	234
にほかならない (ni hoka naranai): nothing but, none other than	237
に限って (ni kagitte): only, particularly when	240

- に限らず (ni kagirazu): not just, not only… but also . 243
- に限る (ni kagiru): nothing better than, there's nothing like 246
- にかかわる (ni kakawaru): to relate to, to have to do with 249
- にかかわらず (ni kakawarazu): regardless of ... 252
- に決まっている (ni kimatte iru): I'm sure that… .. 255
- に越したことはない (ni koshita koto wa nai): it's best that, there's nothing better than 258
- に応えて (ni kotaete): in response to 261
- に加えて (ni kuwaete): in addition to 264
- に基づいて (ni motozuite): based on 267
- にもかかわらず (nimo kakawarazu): despite, in spite of, although 270
- に向かって (ni mukatte): towards, to face, to head to 273
- に応じて (ni oujite): depending on, in accordance with 276
- に際して (ni sai shite): on the occasion of, at the time of 279
- に先立ち (ni sakidachi): before, prior to 282
- にしろ / にせよ (ni shiro/ni seyo): though, even if, whether… or 285
- にしろ〜にしろ (ni shiro~ni shiro): whether… or . 288
- にしたら (ni shitara): from the point of view of .. 294
- にしても〜にしても (ni shite mo~ni shite mo): regardless of whether 297
- に相違ない (ni soui nai): without a doubt .. 300
- に沿って (ni sotte): along with, in accordance with 303
- に過ぎない (ni suginai): no more than, just, merely . 306
- ■ A simple way to build vocabulary in a foreign language through the Read-Aloud Method 309
- ■ Japanese Lessons on line 316
- ■ Send Us Your Feedback 317

■ Preface

Learning a language is a long journey. Are you heading ahead on the right path? If you take the wrong way, you will not achieve your goal and your time and effort spent on will be in vain.

In myself, I had a hard time to communicate in a foreign language at the beginning. I felt frustrated and helpless.

However, I finally discovered a quite effective learning approach. Thanks to making efforts through this approach, now I can write, listen, speak, and enjoy communication in a foreign language.

By my experience of practicing this approach for more than ten years, I am convinced that this is one of the most effective learning approaches for any language learners. I share my learning methods with you as much as I can.

One of the most important methods I will share is Sentence Pattern Method (SPM). Sentence Pattern Method is the sentence template that contains constants and variables. This is similar to the mathematical formula.

Also, I will tell you how to utilize "Read-aloud Method" to print sentence patterns in your memory and to open the door to boost your Japanese communications skills.

■ Learning Methods / how to utilize this book

I have 2 learning methods which I recommend to you.

① Sentence Pattern Method (to install grammar rules in your brain)

② Read-aloud Method (to strengthen your memory)

1.Sentence Pattern Method

If you have Genki or any textbook, you will eventually come to the conclusion that while they get you started, you are still lacking skills in that language. So what can you do? Let's try the Sentence Pattern approach!

When you find some Japanese expressions which you want to acquire, I recommend you to collect several Japanese sentences (around 5 to 7) which have the common structure. Additionally, if you prepare an English(or your mother tongue) translation of the sentences, that would be great.

It is good for you to understand simple formulas for sentences. After understanding and practicing these patterns and you can stick words in... and create your own sentences!You can see an example of the following:

日本語 / にほんご / Japanese
(1) 地下鉄はどこにありますか。
(2) トイレはどこにありますか。
(3) 博物館はどこにありますか。
(4) 渋谷駅はどこにありますか。
(5) 郵便局はどこにありますか。

英語 / えいご / English

(1) Where can I find the subway?
(2) Where can I find the bathroom?
(3) Where can I find the museum?
(4) Where can I find the Shibuya station?
(5) Where can I find the post office?

ひらがな / Hiragana

(1) ちかてつはどこにありますか？
(2) といれはどこにありますか。
(3) はくぶつかんはどこにありますか。
(4) しぶやえきはどこにありますか。
(5) ゆうびんきょくはどこにありますか。

ローマ字 / Roman letters

(1) chikatetsu wa dokoniari masuka?
(2) toire wa dokoni ari masuka?
(3) hakubutsukan wa dokoni ari masuka?
(4) shibuya eki wa dokoni ari masuka?
(5) yuubinkyoku wa dokoni ari masuka?

After checking them out, it would not difficult for you to find a common pattern among them. Now you can make your own sentence by switching the first noun in the sentence. That's quite simple, isn't it?

After learning sentence patterns, you can create a variety of sentences and not to be limited to one or two patterns each time you speak or write.

Also, you can more easily correct sentences because you'll know how sentences are built. You'll understand the parts of a clause and how they fit together.

However, I have to admit that knowing sentence patterns is not enough. We need to practice to help set them more firmly in our memory. So, I am going to tell you another method.

2.Read-aloud Method

To tattoo these expressions in your brain, I recommend you to read a group of sentences out loud 60 times in total(I do it at least 80 times).To begin with, you can focus on reading only Japanese sentences out loud to remember them 4 times.

Also, don't forget to take a note about how many times you read. This is very important!

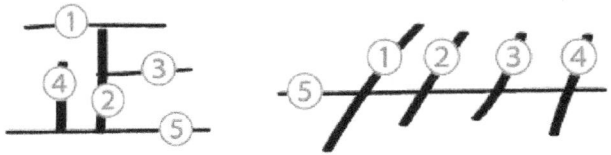

After reading Japanese sentences out loud twice, please take a look at English sentences and check whether you can translate them into Japanese correctly or you can't.

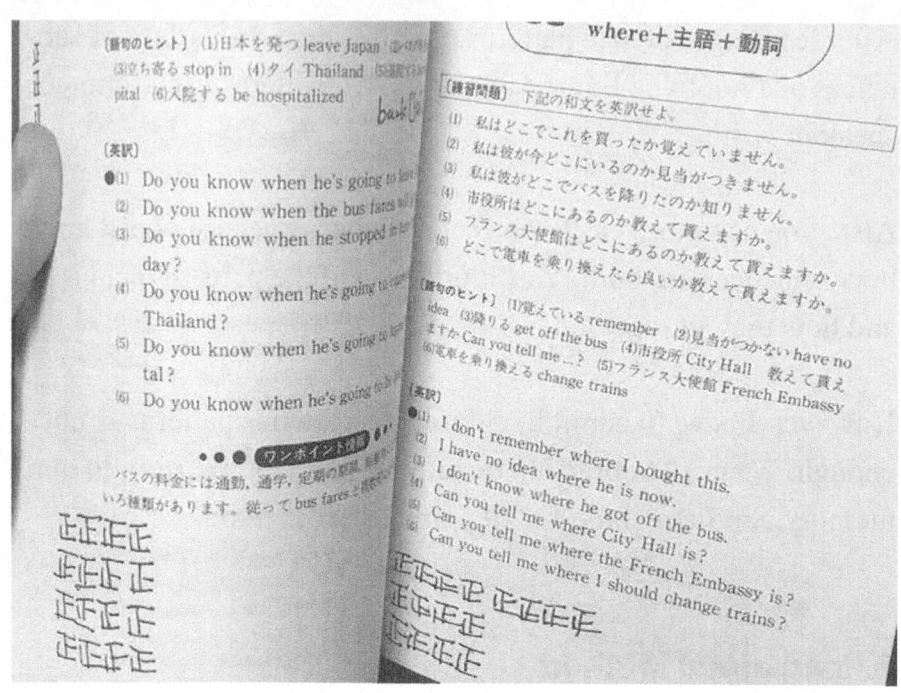

This is not only a self-checking process but also an important process that helps you clarify the meaning of Japanese words, expressions, and sentence patterns in your brain.

If you can't do it well, please don't worry about it. Let's read the Japanese sentences out loud twice again.

This is a basic routine of the Read-Aloud Method. I recommend you to practice this basic routine three times a day.
At the second time of the routine, you will check whether you can translate the English sentences into Japanese sentences again. I'm sure you can do better than you did last time.

At the third time, you would be more accurate than before. So, you read a group of sentences out loud 15 times a day. It takes only 5 or 10 minutes a day.

15 times X 4 days = 60 times

I recommend you to read a group of Japanese sentences with common structure out loud 60 times in total. So, you will basically master one sentence pattern in 4 days.
After that, you would feel that it is difficult for you to forget the sentence pattern you read out loud. In addition, when you speak

to Japanese speakers, your brain would try to get opportunities to use it in actual conversations. Please let your brain allow to make conversation with the sentence pattern you mastered!

I believe this method helps you boost your communication skills in Japanese!

あるいは (aruiwa) "or; possibly"

Meaning:
or; possibly

Formation:
あるいは + Noun
あるいは + phrase

日本語 / Japanese
(1) あなたか、あるいは私が間違っている　/　間違っています。
(2) 今日中にファックス、あるいはメールで送って　/　送ってください。
(3) 妻は来週あるいは再来週に出張する予定だ　/　予定です。
(4) 彼はあるいはすぐに回復するかもしれない　/　回復するかもしれません。
(5) 明日あるいは晴れるかもしれない　/　晴れるかもしれません。
(6) あるいは飛行機が遅れているかもしれない　/　遅れているかもしれません。

英語 / えいご / English
(1) Either you or I am wrong.
(2) Please send via fax or mail within today.
(3) My wife is planning to go on a business trip next week or the week after next.
(4) He may possibly recover soon.
(5) It may possibly be fine tomorrow.
(6) Possibly the flight has been delayed.

ひらがな / Hiragana
(1) あなたか あるいは わたしが まちがっている / まちがっています。
(2) きょうじゅうに ふぁっくす、あるいは、めーるで おくって / おくって ください。
(3) つまは らいしゅう あるいは さらいしゅうに しゅっちょうする よていだ / よていです。
(4) かれは あるいは すぐに かいふくする かもしれない / かいふくする かもしれません。
(5) あす あるいは はれるかも しれない / はれるかも しれません。
(6) あるいは ひこうきが おくれている かもしれない / おくれている かもしれません。

ローマ字 / Roman letters

(1) Anata ka, aruiwa watashi ga machigatte iru/ machigatte imasu.

(2) Kyou jû ni fakkusu, aruiwa mêru de okutte/ okutte kudasai.

(3) Tsuma wa raishû aruiwa saraishû ni shutchou suru yotei da/ yotei desu.

(4) Kare wa aruiwa sugu ni kaifuku suru kamo shirenai/ kaifuku suru kamo shiremasen.

(5) Ashita aruiwa hareru kamo shirenai/ hareru kamo shiremasen.

(6) Aruiwa hikôki ga okurete iru kamo shirenai/ okurete iru kamo shiremasen.

ばかり (bakari) : about, approximately

Meaning:
about, approximately

Formation:
Noun (indicates time or distance) + ばかり

日本語 / にほんご / Japanese
(1) 私は100冊ばかり本を持っている / 持っています。
(2) 私は3週間ばかりここにいる / ここにいます。
(3) 私はそこで3時間ばかり並んだ / 並びました。
(4) 私たちは2時間ばかり後にそちらへ到着する予定だ / 予定です。
(5) この街は500年ばかりの歴史を持つと言われている / 言われています。
(6) 私たちの職場には社員が80名ばかりいる / います。

ことばと表現 / Words & Expressions
街【まち】town
職場【しょくば】workplace

英語 / えいご / English

(1) I have about 100 books.

(2) I have been here for about three weeks.

(3) I lined up there for about three hours.

(4) We plan on arriving there in about two hours.

(5) This town is said to have roughly 500 years of history.

(6) There are around 80 employees in our workplace.

ひらがな / Hiragana

(1) わたしは ひゃくさつばかり ほんを もっている / もっています。

(2) わたしは さんしゅうかんばかり ここに いる / ここに います。

(3) わたしは そこで さんじかんばかり ならんだ / ならびました。

(4) わたしたちは にじかんばかり あとに そちらへ とうちゃくする よていだ / よていです。

(5) このまちは ごひゃくねんばかりの れきしを もつと いわれている / いわれています。

(6) わたしたちの しょくばには しゃいんが はちじゅう うめいばかり いる / います。

ローマ字 / Roman letters

(1) Watashi wa hyakusatsu bakari hon o motte iru/ motte imasu.

(2) Watashi wa sanshyûkan bakari koko ni iru/ koko ni imasu.

(3) Watashi wa soko de sanji kan bakari naranda/ narabimashita.

(4) Watashi-tachi wa niji kan bakari ato ni sochira e tôchaku suru yoteida/ yoteidesu.

(5) Kono machi wa gohyaku nen bakari no rekishi o motsu to iwa rete iru/ iwa rete imasu.

(6) Watashi-tachi no shyokuba niha shainga hachijyûu mei bakari iru/ imasu.

ぶりに (buri ni) "for the first time in (period of time)"

Meaning:
for the first time in (period of time)

Formation:
Noun (measurement of time) + ぶり（に）

日本語 / にほんご / Japanese
(1) 彼に会うのは10年ぶりだ /10年ぶりです。
(2) 一週間ぶりに晴れの日になった / 晴れの日になりました。
(3) 昨日、3ヶ月ぶりにまた九州へ撮影に行ってきた / 行ってきました。
(4) 彼は三日ぶりに意識を回復した / 回復しました。
(5) 昨日、20年ぶりに高校時代の友達に会った / 会いました。
(6) 彼は数年ぶりに日本へ帰る / 帰ります。

英語 / えいご / English
(1)I haven't seen him in 10 years.
(2)It's sunny for the first time in a week.
(3)Yesterday, we went to Kyushu to film for the first time in 3 months.
(4)He regained consciousness after three days.
(5)Yesterday, I met my friend from high school for the first time in 20 years.
(6)He's going back to Japan for the first time in a few years.

ひらがな / Hiragana
(1) かれにあうのはじゅうねんぶりだ / じゅうねんぶりです。
(2) いっしゅうかんぶりにはれのひになった / はれのひになりました。
(3) きのう、さんかげつぶりにまたきゅうしゅうにさつえいにいってきた / いってきました。
(4) かれはみっかぶりにいしきをかいふくした / かいふくしました。
(5) きのう、にじゅうねんぶりにこうこうじだいのともだちにあった / あいました。
(6) かれはすうねんぶりににほんへかえる / かえります。

ローマ字 / Roman letters

(1) Kare ni au no wa jyû-nen-burida/ jyû-nen-buridesu.

(2) Isshûkan-buri ni hare no hi ni natta/ hare no hi ni narimashita.

(3) Kinô san kagetsu-buri ni mata Kyûshû e satsuei ni ittekita/ ittekimashita.

(4) Kare wa mikka-buri ni ishiki o kaifuku shita/ kaifuku shimashita.

(5) Kinô, nijyû-nen-buri ni kôkô jidai no tomodachi ni atta/ aimashita.

(6) Kare wa sunen-buri ni Nihon e kaeru/ kaerimasu.

ちっとも〜ない (chitto mo 〜 nai) "(not) at all"

Meaning:
(not) at all; (not) in the least

Formation:
ちっとも + Verb- ない form

日本語 / にほんご / Japanese
(1) 彼女は僕の気持ちなんかちっともわかっていない / わかっていません。
(2) あなたは私のことをちっとも聞いてくれない / 聞いてくれません。
(3) これらのデータはちっとも正確ではない / 正確ではありませんでした。
(4) そのパーティーはちっとも楽しくなかった / 楽しくありませんでした。
(5) 彼の議論はちっとも合理的ではなかった / 合理的ではありませんでした。
(6) 仕事はちっともはかどらなかった / はかどりませんでした。

英語 / えいご / English

(1)She knows nothing about my feelings.
(2)You never listen to me.
(3)This data is anything but accurate.
(4)I didn't enjoy the party at all.
(5)His argument was far from rational.
(6)The work didn't advance at all.

ひらがな / Hiragana

(1) かのじょは ぼくの きもち なんか ちっとも わかっていない / わかっていません。
(2) あなたは わたしの ことを ちっとも きいてくれない / きいてくれません。
(3) これらの でーたは ちっとも せいかく ではない / せいかく では ありませんでした。
(4) そのぱーてぃーは ちっとも たのしく なかった / たのしく ありませんでした。
(5) かれの ぎろんは ちっとも ごうりてきでは なかった / ごうりてきでは ありませんでした。
(6) しごとは ちっとも はかどらなかった / はかどりませんでした。

ローマ字　/ Roman letters

(1) Kanojo wa boku no kimochi nanka chittomo wakatte inai/ waka tte imasen.

(2) Anata wa watashi no koto o chittomo kîte kurenai/ kîte kuremasen.

(3) Korera no deeta wa chittomo seikakude wanai/ seikakude wa arimasendeshita.

(4) Sono pâtî wa chittomo tanoshikunakatta/ tanoshiku arimasendeshita.

(5) Kare no giron wa chittomo gôri-tekide wa nakatta/ gôri-tekide wa arimasendeshita.

(6) Shigoto wa chittomo hakadoranakatta/ hakadorimasendeshita.

だけあって (dake atte) "being the case, precisely because "

Meaning:
…being the case; (precisely) because; as might be expected from

Formation:
Verb-casual + だけあって
Noun + だけあって
い adj + だけあって
な adj + なだけあって

日本語 / にほんご / Japanese
(1) 彼はスポーツの選手だけあって、筋肉質だ / 筋肉質です。
(2) さすがに偉大な学者だけあって、彼はその問いに簡単に答えた / 答えました。
(3) 彼女は、美術学校を出ただけあって、絵が上手だ / 上手です。
(4) 彼は以前オーストラリアに住んでいただけあって、さすがにこの国のことをよく知っている / 知っています。
(5) さすが評判のレストランだけあって料理もサービスも素晴らしかった / 素晴らしかったです。

英語 / えいご / English

(1) Since he's a sport athlete, he's muscular.
(2) Since he is the great scholar, he answered the question easily.
(3) As expected of a woman who went to art school, she draws well.
(4) He used to live in Australia so he knows a lot about this country.
(5) That restaurant has a good reputation, and as expected the food and service was great.

ひらがな / Hiragana

(1) かれは すぽーつの せんしゅだけあって、きんにくしつだ / きんにくしつです。
(2) さすがに いだいな がくしゃだけあって、かれは そのといに かんたんに こたえた / こたえました。
(3) かのじょは、びじゅつがっこうを でた だけあって、えが じょうずだ / じょうずです。
(4) かれは いぜん おーすとらりあに すんでいた だけあって、さすがに このくにのことを よくしっている / しっています。
(5) さすがひょうばんのれすとらんだけあってりょうりもさーびすもすばらしかった / すばらしかったです。

ローマ字　/ Roman letters

(1) Kare wa su pootsu no senshyu dakeatte, kin ni kushitsuda/ kin ni kushitsudesu.

(2) Sasuga ni idai nagaku shya dakeatte, kare wa sono toi ni kanta n ni kotaeta/ kotaemashita.

(3) Kanojyoha, bijiyutsugakkô wo detadake atte, e ga jôzu da/ jôzu desu.

(4) Kare wa izen oosu torari ani sunde itadake atte, sasuga ni kono kuni no koto o yoku shitte iru/ shitte imasu.

(5) Sasuga hyôban'no resutoran dakeatte ryôri mo sâbisu mo subarashikatta/ subarashikattadesu.

だけでなく (dake de naku) "not only… but also"

Meaning:
not only… but also

Formation:
Verb-dictionary form + だけでなく
Noun + だけでなく
な adj + なだけでなく

日本語 / にほんご / Japanese
(1) あなたのお父さんだけでなく私もあなたの計画に反対だ / 反対です。
(2) 鈴木さんは字がきれいなだけでなく文章も上手だ / 上手です。
(3) この本はおもしろいだけでなく、ためにもなる / ためにもなります。
(4) 彼女は親切なだけでなく正直でもある / 正直でもあります。
(5) 彼はバイクだけでなく車も持っている / 持っています。
(6) そのレストランは美味しいだけでなく雰囲気も良い / 雰囲気もいいです。

英語 / えいご / English

(1) Not only your father but also I am against your plan.
(2) Suzuki not only has good handwriting but also can write great sentences.
(3) This book is not only interesting but also instructive.
(4) She is not only kind but also honest.
(5) He's got not only a motorbike but also a car
(6) Not only does that restaurant have nice food, but the atmosphere's good too.

ひらがな / Hiragana

(1) あなたのおとうさんだけでなくわたしもあなたのけいかくにはんたいだ / はんたいです。
(2) すずきさんはじがきれいなだけでなくぶんしょうもじょうずだ / じょうずです。
(3) このほんはおもしろいだけでなく、ためにもなる / ためにもなります。
(4) かのじょはしんせつなだけでなくしょうじきでもある / しょうじきでもあります。
(5) かれはばいくだけでなくくるまももっている / もっています。
(6) そのれすとらんはおいしいだけでなくふんいきもいい / ふんいきもいいです。

ローマ字 / Roman letters

(1) Anata no otôsan dakedenaku watashi mo anata no keikaku ni hantaida/ hantaidesu.

(2) Suzuki-san wa ji ga kireina dakedenaku bunshô mo jôzuda/ jôzudesu.

(3) Kono Moto wa omoshiroi dakedenaku, tame ni mo naru/ tame ni mo narimasu.

(4) Kanojo wa shinsetsuna dakedenaku shôjiki demo aru/ shôjikide mo arimasu.

(5) Kare wa baiku dakedenaku kuruma mo motte iru/ motte imasu.

(6) Sono resutoran wa oishî dakedenaku fun'iki mo yoi/ fun'iki mo îdesu.

だけましだ (dake mashi da): "one should feel grateful for"

Meaning:
it's better than…; one should feel grateful for

Formation:
Verb-casual + だけましだ
い adj + だけましだ
な adj + なだけましだ

The patterns are below:

Negative statement + B Verb: Casual
Negative statement + B い-adjective
Negative statement + B な-adjective + な

Although A, B is (still) true (and is good)
Follows a negative/restrictive statement A, and draws a contrast to it by adding the positive B

日本語 / にほんご / Japanese
(1) 今日は寒いが、雪が降らないだけましだ / ましです。
(2) 給料が減りましたが、首にならないだけましだ / ましです。
(3) 私は教科書を持ってくるのを忘れましたが、今日の

単語と文法をまだ覚えられるだけましだ / ましです。
(4) このアルバイトの時給は安いですが、交通費が出るだけましだ / ましです。
(5) このレストランは少し騒がしいですが、少なくともあのレストランよりはましだ / ましです。
(6) この自転車は古いですが、ないよりましだ / ましです。

英語 / えいご / English
(1)Although it's cold today, I feel grateful it's not snowing.
(2)Although my salary has gone down, I'm grateful they didn't fire me.
(3)Although I forgot to bring my textbook, I feel grateful that I can still remember today's vocabulary and grammar.
(4)Although hourly wages are cheap at this part-time job, I'm grateful they pay for my traveling expenses.
(5)Although this restaurant is noisy, at least it's better than that restaurant.
(6)Although this bicycle is old, it's better than nothing.

ひらがな / Hiragana
(1) きょうはさむいが、ゆきがふらないだけましだ / ましです。
(2) きゅうりょうがへりましたが、くびにならないだけましだ / ましです。

(3) わたしはきょうかしょをもってくるのをわすれましたが、きょうのたんごとぶんぽをまだおぼえられるだけましだ／ましです。

(4) このあるばいとのじきゅうはやすいですが、こうつうひがでるだけましだ／ましです。

(5) このれすとらんはすこしさわがしいですが、すくなくとも　あのれすとらんよりは　ましだ／ましです。

(6) このじてんしゃはふるいですが、ないよりましだ／ましです。

ローマ字 / Roman letters

(1) Kyô wa samuiga, yuki ga furanai dake mashida/ mashidesu.

(2) Kyûryô ga herimashitaga, kubi ni naranai dake mashida/ mashidesu.

(3) Watashi wa kyôkasho o motte kuru no o wasuremashitaga, kyô no tango to bunpô o mada oboe rareru dake mashida/ mashidesu.

(4) Kono arubaito no jikyû wa yasuidesuga, kôtsû-hi ga deru dake mashida/ mashidesu.

(5) Kono resutoran wa sukoshi sawagashīdesuga, sukunakutomo ano resutoran yori wa mashida/ mashidesu.

(6) Kono jitensha wa furuidesuga, nai yori mashida/ mashidesu.

だけに (dake ni) "…being the case, precisely because"

Meaning:
being the case; precisely because

Formation:
Verb-casual + だけに
Noun +（である）だけに
い adj + だけに
な adj + だけに

日本語 / にほんご / Japanese
(1) やっぱり東京だけに世界各地の食べ物が揃っている / 揃っています。
(2) この品物は品質がよいだけに値段も高い / 高いです。
(3) イギリスで勉強しただけに、彼女の英語は発音がきれいだ / きれいです。
(4) 一生懸命働いただけに、彼はほどなく昇進した / 昇進しました。
(5) アンディーは長い間日本に住んでいただけに日本のことをよく知っている / 知っています。
(6) 昨年はみかんが不作で、値段が高かっただけに今年の豊作がうれしい / うれしいです。

英語 / えいご / English

(1) As might be expected of a city like Tokyo, the world-wide cuisine is available there.
(2) This product's quality is good so it's expensive.
(3) As expected of someone who studied in the UK, her pronunciation of English is lovely.
(4) As expected he performed well and got the promotion in little time.
(5) Andy lived a long time in Japan, so naturally he is very familiar with things related to Japan.
(6) Last year the oranges were scanty harvest, the price was high, I am happy this year's good harvest.

ひらがな / Hiragana

(1) やっぱり とうきょうだけに せかい かくちの たべものが そろっている / そろっています。
(2) この しなものは ひんしつが よいだけに ねだんもたかい / たかいです。
(3) いぎりすで べんきょうしただけに、かのじょは えいごの はつおんが きれいだ / きれいです。
(4) いっしょうけんめい はたらいただけに、かれは ほどなく しょうしんしました / しょうしんしました。
(5) あんでぃーは ながい あいだ にほんに すんでいただけに にほんのことを よくしっている / よくしっています。
(6) さくねんは みかんが ふさくで、ねだんが たかかっただけに ことしの ほうさくが うれしい / うれしいです。

ローマ字　/ Roman letters

(1) Yappari Tôkyô dake ni sekai kakuchi no tabemono ga sorotte iru/ sorotte imasu.

(2) Kono shinamono wa hinshitsu ga yoi dake ni nedan mo takai/ takaidesu.

(3) Igirisu de benkyô shita dake ni, kanojo no eigo wa hatsuon ga kireida/ kireidesu.

(4) Isshôkenmei hataraita dake ni, kare wa hodonaku shôshin shita/ shôshin shimashita.

(5) Andî wa nagaiai Nihon ni sunde itadake ni Nihon no koto o yoku shitte iru/ shitte imasu.

(6) Sakunen wa mikan ga fusaku de, nedan ga takakatta dake ni kotoshi no hôsaku ga ureshî / ureshîdesu.

だけのことはある (dake no koto wa aru): no wonder, it's not surprising that

Meaning:
no wonder; it's not surprising that

Formation:
Verb-casual + だけのことはある
Noun + だけのことはある
い adj + だけのことはある
な adj + な / だった + だけのことはある

日本語 / にほんご / Japanese
(1) 彼は異文化をよく理解している。留学しただけのことはある。
(2) 私の友達は彼女の学校のテストに全部合格した。毎晩勉強しただけのことはある。
(3) この靴ははき心地がいい。名作と呼ばれるだけのことはある。
(4) あなたの会社はこの不況にびくともしない。さすが大企業だけのことはある。
(5) その映画は面白かった。スティーヴン・スピルバーグが作っただけのことはある。

ことばと表現 / Words & Expressions

異文化【いぶんか】different cultures
留学【りゅうがく】to study abroad
全部【ぜんぶ】all
毎晩【まいばん】every night
不況【ふきょう】recession
びくともしない to feel no fear, unmoved

英語 / えいご / English

(1) He has a good understanding of different cultures. He hasn't studied abroad for nothing.
(2) My friend passed all her school exams. It's not for nothing she studies every night!
(3) These shoes are comfortable to wear. It's not surprising that they are called a masterpiece.
(4) The recession does not truly bother your company. There has not been a big company for nothing.
(5) That movie was really interesting. That's what I expect of a Steven Spielberg film.

ひらがな / Hiragana

(1) かれは いぶんかを よく りかいしている。りゅうがく しただけのことはある。
(2) わたしの ともだちは かのじょの がっこうの テスト に ぜんぶ ごうかくした。まいばん べんきょうしただけ

のことはある。
(3) このくつは はきごこちが いい。めいさくと よばれるだけのことはある。
(4) あなたのかいしゃは このふきょうに びくともしない。さすが だいきぎょうだけのことはある。
(5) その えいがは おもしろかった。スティーヴン・スピルバーグが つくっただけのことはある。

ローマ字 / Roman letters

(1) Kare wa i bunka o yoku rikai shite iru. Ryûgaku shita dake no koto wa aru.

(2) Watashinotomodachi wa kanojo no gakkô no tesuto ni zenbu gôkaku shita. Maiban benkyô shita dake no koto wa aru.

(3) Kono kutsu wa haki-gokochi ga î. Meisaku to yoba reru dake no koto wa aru.

(4) Anata no kaisha wa kono fukyô ni bikutomo shinai. Sasuga dai kigyô dake no koto wa aru.

(5) Sono eiga wa omoshirokatta. Sutîvun supirubâgu ga tsukutta dake no koto wa aru.

だけは (dake wa): to do all that one can

Meaning:
to do all that one can

Formation:
Verb-dictionary form + だけは + (same) Verb-casual, past

日本語 / にほんご / Japanese
(1) わたしはあなたを手伝えるだけは手伝った / 手伝いました。
(2) 弁護士に私の問題について話すだけは話した / 話しました。
(3) マラソン大会に参加するだけは参加したが、ゴールまで走り切れなかった / 走り切れませんでした。
(4) 会社の状況を説明するだけは説明したが、社員が本当に理解したかどうかはわからない / わかりません。
(5) 私は効果的な学習方法を共有するだけは共有したので、それを実践するかどうかはあなた次第だ / あなた次第です。

ことばと表現 / Words & Expressions
共有する【きょうゆうする】to share
実践する【じっせんする】to put something into practice

英語 / えいご / English

(1) I did all I could to help you.
(2) I told a lawyer everything I could about my problem.
(3) Though I participated a marathon, I could not finish it.
(4) Though I explained the situation of the company and did all that I could, I do not know whether the employee really understood it or not.
(5) Since I shared an effective learning method and did all that I could, it's up to you whether you will put it into practice or not.

ひらがな / Hiragana

(1) わたしは あなたを てつだえるだけは てつだった / てつだいました。
(2) べんごしに わたしの もんだいについて はなすだけは はなした / はなしました。
(3) まらそんたいかいに さんかするだけはさんかしたが、ごーるまで はしりきれなかった / はしりきれませんでした。
(4) かいしゃの じょうきょうを せつめいするだけは せつめいしたが、しゃいんがほんとうにりかいしたかどうかはわからない / わかりません。
(5) わたしはこうかてきながくしゅうほうほうをきょうゆうするだけはきょうゆうしたので、それをじっせんするかどうかはあなたしだいだ / あなたしだいです。

ローマ字 / Roman letters

(1) Watashi wa anata o tetsudaeru dake wa tetsudatta/ tetsudaimashita.

(2) Bengoshi ni watashi no mondai ni tsuite hanasu dake wa hanashita/ hanashimashita.

(3) Marason taikai ni sanka suru dake wa sanka shitaga, gooru made hashiri kirenakatta/ hashiri kiremasendeshita.

(4) Kaisha no jyôkyô o setsumei suru dake wa setsumei shitaga, shain ga hontôni rikai shita ka dô ka wa wakaranai/ wakarimasen.

(5) Watashi wa kôkatekina gakushû hôhô o kyôyû suru dake wa kyôyû shitanode, sore o jissen suru ka dô ka wa anata shidai da/ anata shidai desu.

だって (datte): because, but

Meaning:
because; but; after all; even; too

Formation:
だって + phrase: because, but
Noun + だって : even, too

日本語 / にほんご / Japanese
(1) 「外に食べに行きたくないの？」「だって疲れているんだもの」
(2) 「もう寝る時間ですよ。」「だって眠くないんだもの」
(3) また、フクロウ・カフェに行ったの？だって、かわいいんだもの。
(4) 私の弟だってピアノを弾ける。
(5) 金持ちだって不幸な時もある。
(6) だって、私はあなたの妻よ！

英語 / えいご / English
(1) "You don't want to eat out ?" "Because I'm tired."
(2) "It's time you went to bed." "But I'm not sleepy."
(3) "Did you go to the owl cafe again?" "Because they are cute."

(4) Even my younger brother can play the piano.
(5) Even rich people are unhappy sometimes.
(6) I mean, I am your wife!

ひらがな / Hiragana

(1)「そとに たべに いきたくないの？」「だって つかれているんだもの」
(2)「もう ねる じかんですよ。」「だって ねむくないんだもの」
(3) また、フクロウ・カフェに いったの？だって、かわいいんだもの。
(4) わたしの おとうとだって ピアノをひける。
(5) かねもちだって ふこうな とき もある。
(6) だって、わたしは あなたの つまよ！

ローマ字 / Roman letters

(1) `Soto ni tabe ni ikitakunai no?' `Datte tsukarete iru nda mono'
(2) `môneru jikandesuyo.' `Datte nemukunai nda mono'
(3) mata, fukurô kafe ni itta no? Datte, kawaî nda mono.
(4) Watashi no otôto datte piano o hikeru.
(5) Kanemochi datte fukôna toki mo aru.
(6) Datte, watashi wa anata no tsuma yo!

ではないか (dewa nai ka): let's do

something, why don't we

Meaning:
let's do (something); why don't we

Formation:
Verb-volitional + ではないか / じゃないか

日本語 / にほんご / Japanese
(1) タクシーに乗ろうではないか / 乗ろうではありませんか。
(2) この論議はやめようではないか / やめようではありませんか。
(3) 映画でも見に行こうじゃないか / 行こうではありませんか。
(4) みんなで遠足に行こうじゃないか / 行こうではありませんか。
(5) お互いを理解し合おうではないか / 理解し合おうではありませんか。
(6) 労働問題について、真剣に考えようではないか / 考えようではありませんか。

ことばと表現 / Words & Expressions
遠足【えんそく】excursion
労働問題【ろうどうもんだい】labor problem

英語 / えいご / English

(1) Why don't we take a taxi?

(2) Let's put a stop to this discussion.

(3) Let's go watch a movie or something.

(4) Everyone, let's go on an excursion.

(5) Let's try to understand one another.

(6) Why don't we think carefully about labor problems?

ひらがな / Hiragana

(1) たくしーに のろう ではないか / のろう ではありませんか。
(2) このろんぎは やめよう ではないか / やめよう ではありませんか。
(3) えいがでも みにいこう じゃないか / いこう ではありませんか。
(4) みんなで えんそくに いこう じゃないか / いこう ではありませんか。
(5) おたがいを りかい しあおう ではないか / りかい しあおう ではありませんか。
(6) ろうどう もんだい について、しんけんに かんがえよう ではないか / かんがえよう ではありませんか。

ローマ字 / Roman letters

(1) Takushî ni norôde wanai ka/ norôde wa arimasen ka.

(2) Kono rongi wa yameyôde wanai ka/ yameyôde wa arimasen ka.

(3) Eiga demo mi ni ikô janai ka/ yukôde wa arimasen ka.

(4) Min'na de ensoku ni ikô janai ka/ yukôde wa arimasen ka.

(5) Otagai o rikaishiaôde wanai ka/ rikaishiaôde wa arimasen ka.

(6) Rôdô mondai ni tsuite, shinken ni kangaeyôde wanai ka/ kangaeyôde wa arimasen ka.

でしかない (de shika nai): merely, nothing but, no more than

Meaning:
merely; nothing but; no more than

Formation:
Noun + でしかない

日本語 / にほんご / Japanese
(1) 兄は単なる愚か者でしかない / 愚か者でしかありません。
(2) 妹は子供でしかない / 子供でしかありません。
(3) 海まで、たった１キロでしかない / １キロでしかありません。
(4) これらの考えは推測でしかない / 推測でしかありません。
(5) この取り決めは一時的なものでしかない / 一時的なものでしかありません。
(6) 彼は気分が悪いと言っているが、それは口実でしかない / 口実でしかありません。

ことばと表現 / Words & Expressions
愚か者【おろかもの】fool
推測【すいそく】estimate
取り決め【とりきめ】arrangement
一時的なもの【いちじてきなもの】temporary
口実【こうじつ】excuse

英語 / えいご / English

(1) My older brother is nothing but a fool.

(2) My younger sister is no more than a child.

(3) It is no more than 1 kilometer to the sea.

(4) This idea is just an estimate.

(5) This arrangement is only temporary.

(6) Though he said that he's not feeling well, it is nothing but an excuse.

ひらがな / Hiragana

(1) あには たんなる おろかもの でしかない / おろかもの でしかありません。

(2) いもうとは こども でしかない / こども でしかありません。

(3) うみまで、たった いちきろ でしかない / いちきろ でしかありません。

(4) これらの かんがえは すいそく でしかない / すいそく でしかありません。

(5) この とりきめは いちじてきなもの でしかない / いちじてきなもの でしかありません。

(6) かれは きぶんが わるいといっているが、それは こうじつ でしかない / こうじつ でしかありません。

ローマ字 / Roman letters

(1) Ani wa tan'naru orokamono deshika nai/ orokamono

deshika arimasen.

(2) Imôto wa kodomo deshika nai/ kodomo deshika arimasen.

(3) Umi made, tatta ichi-mairu deshika nai/ ichi-mairu deshika arimasen.

(4) Korera no kangae wa suisoku deshika nai/ suisoku deshika arimasen.

(5) Kono torikime wa ichiji-tekina mono deshika nai/ ichiji-tekina mono deshika arimasen.

(6) Kare wa kibungawarui to itte iruga, soreha kôjitsu deshika nai/ kôjitsu deshika arimasen.

どころではない (dokoro dewa nai): this is not the time for…

Meaning:
this is not the time/occasion for; …is out of the question

Formation:
Verb-casual + どころではない / どころじゃない
Noun + どころではない / どころじゃない
い adj + どころではない / どころじゃない
な adj + どころではない / どころじゃない

日本語 / にほんご / Japanese
(1) 私は忙しくてそれどころではない / それどころではありません。
(2) 風邪がひどくて、私はカラオケに行くどころではない / 行くどころではありません。
(3) お金がなくて、買い物どころではない / 買い物どころではありません。
(4) 引っ越しをしたばかりなので、旅行どころじゃない / 旅行どころではありません。
(5) 私を外しておいてください。疲れてテニスどころじゃない / テニスどころではありません。
(6) 私はあなたの仕事を手伝うどころではない。自分の仕事をする時間さえない。

ことばと表現 / Words & Expressions
外す【はずす】to count out
引っ越す【ひっこす】to move

英語 / えいご / English
(1) I've got no time for that now.
(2) I have a bad cold so I can't think about going to karaoke.
(3) I have no money, so there's no way I can go shopping...
(4) Having just moved, I simply cannot be interested in taking a pleasure trip.
(5) Please count me out; I'm too tired to play tennis.
(6) I can't help anyone with your jobs. I don't even have time to do mine.

ひらがな / Hiragana
(1) わたしは いそがしくて それどころではない / それどころではありません。
(2) かぜがひどくて、わたしは からおけに いくどころではない / いくどころではありません。
(3) おかねがなくて、かいものどころではない / かいものどころではありません。

(4) ひっこしを した ばかりなので、りょこう どころじゃない / りょこう どころではありません。
(5) わたしを はずして おいてください。つかれててにすどころじゃない / てにすどころではありません。
(6) わたしは あなたの しごとを てつだう どころではない。じぶんの しごとを するじかんさえない。

ローマ字 / Roman letters
(1) Watashi wa isogashikute soredokorode wanai/ soredokorode wa arimasen.
(2) Kaze ga hidokute, watashi wa karaoke ni iku dokorode wanai/ iku dokorode wa arimasen.
(3) Okane ga nakute, kaimono dokorode wanai/ kaimono dokorode wa arimasen.
(4) Hikkoshi o shita bakarinanode, ryokô dokoro janai/ ryokô dokorode wa arimasen.
(5) Watashi o hazushite oite kudasai. Tsukarete tenisu dokoro janai/ tenisu dokorode wa arimasen.
(6) Watashi wa anata no shigoto o tetsudau dokorode wanai. Jibun no shigoto o suru jikan sae nai.

どうせ (douse): anyway, anyhow

Meaning:
anyway; anyhow; in any case; after all

Formation:
どうせ + phrase

日本語 / にほんご / Japanese
(1) 今から行っても私はどうせ遅刻するだろう / 遅刻するでしょう。
(2) あなたがどうせ私を信じないことははっきりわかっている / わかっています。
(3) どうせ英語を習得するのなら、徹底的に学びなさい / 学んでください。
(4) どうせ行かなければならないのなら早いほうがいい / 早いほうがいいです。
(5) どうせ海外へ旅行をするなら、若いうちにした方がいい / 若いうちにした方がいいです。
(6) どうせ郵便局へ行くのなら、私のために切手を買ってくださいませんか？

ことばと表現 / Words & Expressions
習得する【しゅうとくする】to learn
徹底的に【てっていてきに】thoroughly
海外へ【かいがいへ】abroad

英語 / えいご / English
(1) Even if I go now I will be late anyway.
(2) I know perfectly well that you won't believe me anyway.
(3) At any rate, if you learn English, study it thoroughly.
(4) If you have to go anyway, then you might as well do it quickly.
(5) If you make a trip abroad at all, it's better to do it when you are young.
(6) Since you're going to the post-office anyway won't you please buy some stamps for me?

ひらがな / Hiragana
(1) いまから いっても わたしは どうせ ちこくする だろう / ちこくする でしょう。
(2) あなたが どうせ わたしを しんじないことは はっきり わかっている / わかっています。

(3) どうせえいごをしゅうとくするのなら、てっていてきにまなびなさい / まなんでください。

(4) どうせいかなければならないのならはやいほうがいい / はやいほうがいいです。

(5) どうせ かいがいへ りょこうするなら、わかいうちに したほうがいい / わかいうちに したほうがいいです。

(6) どうせ ゆうびんきょくへ いくのなら、わたしの ために きってを かってくださいませんか？

ローマ字 / Roman letters

(1) Ima kara okonatte mo watashi wa dôse chikoku surudarô/ chikoku surudeshô.

(2) Anata ga dôse watashi o shinjinai koto wa hakkiri wakatte iru/ waka tte imasu.

(3) Dôse eigo o shûtoku suru nonara, tetteiteki ni manabi nasai/ manande kudasai.

(4) Dôse ikanakereba naranai nonara hayai hô ga î/ hayai hô ga îdesu.

(5) Dôse kaigai e ryokô o surunara, wakai uchi ni shitahôga î/ wakai uchi ni shitahô ga î desu.

(6) Dôse yûbinkyoku e iku nonara, watashi no tame ni kitte o katte kudasaimasen ka?

どうやら (dou yara): it seems like, it appears that

Meaning:
it seems like; it appears that; seemingly

Formation:
どうやら + phrase

日本語 / にほんご / Japanese
(1) どうやら私は風邪を引いたらしい / 風邪をひいたらしいです。
(2) どうやら彼は知らないらしい / 知らないらしいです。
(3) どうやら兄は辞職するらしい / 辞職するらしいです。
(4) どうやら私は傘を置いてきてしまったらしい / 置いてきてしまったらしいです。
(5) どうやら妹は昇給するらしい / 昇給するらしいです。
(6) どうやら私たちの間には誤解があるようだ / 誤解があるようです。

ことばと表現 / Words & Expressions
辞職する【じしょくする】to resign
昇給する【しょうきゅうする】to get a raise in salary

英語 / えいご / English

(1) I seem to have caught a cold.
(2) It seems he doesn't know.
(3) It seems probable that my older brother will resign.
(4) I seem to have left my umbrella behind.
(5) It seems like my younger sister is going to get a raise in salary.
(6) There appears to be a misunderstanding between us.

ひらがな / Hiragana

(1) どうやら わたしは かぜを ひいたらしい / かぜを ひいたらしいです。
(2) どうやら かれは しらないらしい / しらないらしいです。
(3) どうやら あには じしょくするらしい / じしょくするらしいです。
(4) どうやら わたしは かさを おいてきて しまったらしい / おいてきて しまったらしいです。
(5) どうやら いもうとは しょうきゅうするらしい / しょうきゅうするらしいです。
(6) どうやら わたしたちの あいだには ごかいが あるようだ / ごかいが あるようです。

ローマ字 / Roman letters

(1) Dôyara watashi wa kaze o hîtarashî / kaze o hitarashî desu.

(2) Dôyara kare wa shiranairashî/ shiranairashîdesu.

(3) Dôyara ani wa jishoku suru rashî/ jishoku suru rashî desu.

(4) Dôyara watashi wa kasa o oite kite shimattarashî/ oite kite shimattarashîdesu.

(5) Dôyara imôto wa shôkyû sururashî/ shôkyû sururashîdesu.

(6) Dôyara watashitachi no aida ni wa gokai ga aru yôda/ gokai ga aru yôdesu.

える / うる (eru/uru): can, is possible

Meaning:
can; is possible

Formation:
Verb- ます stem + 得る (える / うる)

日本語 / にほんご / Japanese
(1) そういった事故は時折起こり得る / 起こりえます。
(2) 彼女はオリンピックでメダルを獲得しうる / 獲得しえます。
(3) 夢の世界ではどんなことでも起こりうる / 起こりえます。
(4) これがわたしの知りうるすべての情報だ / 情報です。
(5) あなたは考え得る最善を尽くした / 尽くしました。
(6) 不純な飲料水は病気の媒体となりうる / 媒体となりえます。

ことばと表現 / Words & Expressions
時折【ときおり】from time to time
獲得する【かくとくする】to win
最善を尽くす【さいぜんをつくす】to do the best
飲料水【いんりょうすい】drinking water
病気【びょうき】disease

英語 / えいご / English

(1) Such accidents can happen from time to time.

(2) She can win a medal in the Olympics.

(3) Anything can happen in the world of dreams.

(4) This is all the information I could get.

(5) You did the best that could be expected.

(6) Impure drinking water can be a carrier of diseases.

ひらがな / Hiragana

(1) そういった じこは ときおり おこりえる / おこりえます。

(2) かのじょは おりんぴっくで めだるを かくとくしうる / かくとくしえます。

(3) ゆめの せかいでは どんなことでも おこりうる / おこりえます。

(4) これが わたしの しりうる すべての じょうほうだ / じょうほうです。

(5) あなたは かんがえうる さいぜんを つくした / つくしました。

(6) ふじゅんな いんりょうすいは びょうきの ばいたいと なりうる / ばいたいと なりえます。

ローマ字 / Roman letters

(1) Sôitta jiko wa tokiori okori eru/ okori emasu.

(2) Kanojo wa orinpikku de medaru o kakutoku shi uru/ kakutoku shi emasu.

(3) Yume no sekaide wa don'na kotode mo okori uru/ okori emasu.

(4) Kore ga watashi no shiri uru subete no jôhô da/ jôhô desu.

(5) Anata wa kangaeuru saizen o tsukushita/ tsukushimashita.

(6) Fujun'na inryôsui wa byôki no baitai to nari uru/ baitai to nari emasu.

えない (enai): unable to, cannot

Meaning:
unable to; cannot

Formation:
Verb- ます stem + 得ない

日本語 / にほんご / Japanese
(1) それはまずあり得ない　/　あり得ません。
(2) その数字は統計的にあり得ない　/　あり得ません。
(3) この場合、紛争は起こり得ない　/　起こり得ません。
(4) 人工知能なしに、この分野に関して研究し得ない　/　研究し得ません。
(5) 得点しない限り、この試合に私たちは勝ちえない　/　勝ち得ません。
(6) きちんとした計画なしに、あなたはこの目標を達成し得ない　/　達成しえません。

ことばと表現 / Words & Expressions
数字【すうじ】figure
統計的に【とうけいてきに】statistically
紛争【ふんそう】conflict
人工知能【じんこうちのう】artificial intelligence
得点する【とくてんする】score

英語 / えいご / English

(1) That is most unlikely (to happen).
(2) The figures are statistically impossible.
(3) In that case, there is no possible conflict.
(4) We can't do research about this field without an artificial intelligence.
(5) We can not win this game unless we score.
(6) You won't be able to achieve this goal without a decent plan,

ひらがな / Hiragana

(1) それは　まず　ありえない　/　ありえません。
(2) そのすうじは　とうけいてきに　ありえない　/　ありえません。
(3) このばあい、ふんそうは　おこりえない　/　おこりえません。
(4) じんこうちのう　なしに、この　ぶんやにかんして　けんきゅうしえない　/　けんきゅうしえません。
(5) とくてん　しない　かぎり、このしあいに　わたしたちは　かちえない　/　かちえません。
(6) きちんとした　けいかくなしに、あなたは　このもくひょうを　たっせいしえない　/　たっせいしえません。

ローマ字 / Roman letters

(1) Sore wa mazu ari enai/ ari emasen.

(2) Sono sûji wa tôkei-teki ni ari enai/ ari emasen.

(3) Ko no bâi, funsô wa okori enai/ okori emasen.

(4) Jinkô chinô nashi ni, kono bun'ya ni kanshite kenkyû shi enai/ kenkyû shi emasen.

(5) Tokuten shinai kagiri, kono shiai ni watashitachiha kachi enai/ kachiemasen.

(6) Kichinto shita keikaku nashi ni, anata wa kono mokuhyô o tassei shi enai/ tassei shi emasen.

ふたたび (futatabi): again, once more

Meaning:
again; once more

Formation:
再び (ふたたび) + phrase

日本語 / にほんご / Japanese
(1) 私は再びここへ戻る　/　戻ります。
(2) ドルは再び安くなった　/　安くなりました。
(3) 火山が再び活動を始めた　/　始めました。
(4) 再び料理が私の趣味となった　/　趣味となりました。
(5) 祖父は再び両親と会うことはなかった　/　会うことありませんでした。
(6) しばらくして妹は再びピアノを弾き始めた　/　弾き始めました。

ことばと表現 / Words & Expressions
火山【かざん】volcano
両親【りょうしん】parents

英語 / えいご / English
(1) I will return here again.
(2) The dollar depreciated again
(3) The volcano has become active again.
(4) Cooking became my hobby again.
(5) My grandfather was never to see his parents again.
(6) After a while, my little sister began to play the piano again.

ひらがな / Hiragana
(1) わたしは　ふたたび　ここへ　もどる　/　もどります。
(2) どるは　ふたたび　やすくなった　/　やすくなりました。
(3) かざんが　ふたたび　かつどうを　はじめた　/　はじめました。
(4) ふたたび　りょうりが　わたしの　しゅみとなった　/　しゅみとなりました。
(5) そふは　ふたたび　りょうしんと　あうことは　なかった　/　あうことありませんでした。
(6) しばらくして　いもうとは　ふたたび　ぴあのを　ひきはじめた　/　ひきはじめました。

ローマ字 / Roman letters

(1) Watashi wa futatabi koko e modoru/ modorimasu.

(2) Doru wa futatabi yasuku natta/ yasuku narimashita.

(3) Kazan ga futatabi katsudô o hajimeta/ hajimemashita.

(4) Futatabi ryôri ga watashi no shumi to natta/ shumi to narimashita.

(5) Sofu wa futatabi ryôshin to au koto wa nakatta/ au koto arimasendeshita.

(6) Shibaraku shite imôto wa futatabi piano o hiki hajime ta/ hiki hajime mashita.

ふうに (fû ni): in a way (this way/that way/what way)

Meaning:
this way/that way; in what way/how

Formation:
どんな / あんな / こんな + ふうに（風に）+ Verb
Verb-casual + ふうに（風に）+ Verb

日本語 / にほんご / Japanese
(1) どんなふうにあなたは彼女を好きになったの / 好きになったのですか。
(2) どんなふうにそこに行くか説明して / 説明してください。
(3) 動物をあんなふうに扱うなんてひどい / ひどいです。
(4) こんな風に私たちは結論に達した / 結論に達しました。
(5) 年月は人をいろんな風に変えていく / 変えていきます。
(6) こんな風に、私たちは多くの時間を無駄にする / 無駄にします。

ことばと表現 / Words & Expressions
結論に達する【けつろんにたっする】to reach a conclusion
年月【ねんげつ】years

英語 / えいご / English

(1) How did you come to love her?

(2) Please explain how to get there.

(3) It's a shame to treat animals like that.

(4) This is how we reached the conclusion.

(5) The years change people in many ways.

(6) In this way, we waste a lot of time.

ひらがな / Hiragana

(1) どんなふうに あなたは かのじょを すきになったのか / すきになったのですか。

(2) どんなふうに そこに いくか せつめいして / せつめいしてください。

(3) どうぶつを あんなふうに あつかうなんて ひどい / ひどいです。

(4) こんなふうに わたしたちは けつろんに たっした / けつろんに たっしました。

(5) ねんげつは ひとを いろんなふうに かえていく / かえていきます。

(6) こんなふうに、わたしたちはおおくの じかんを むだにする / むだにします。

ローマ字 / Roman letters

(1) Don'na fû ni anata wa kanojo o suki ni natta no ka/ suki ni natta nodesu ka.

(2) Don'na fû ni soko ni iku ka setsumei shite/ setsumei shite kudasai.

(3) Dôbutsu o an'nafûni atsukau nante hidoi/ hidoidesu.

(4) Kon'nafûni watashitachi wa ketsuron ni tasshita/ ketsuron ni tasshimashita.

(5) Nengetsu wa hito o iron'na fû ni kaete iku/ kaete ikimasu.

(6) Kon'nafûni, watashitachi wa ooku no jikan o mudanisuru/ muda ni shimasu.

げ (ge): [shows signs of (for inner feelings)]

Meaning:
seeming; giving the appearance of: seems ; looks; shows signs of (for inner feelings)

Formation:
Noun + げ
い adj（ーい）+ げ（に）
な adj + げ（な）

日本語 / にほんご / Japanese
(1) 彼女は疑わしげに私の顔を見つめた / 見つめました。
(2) 叔父は忙しげにオフィスに向かっていた / 向かっていました。
(3) 母親たちは楽しげにおしゃべりしていた / おしゃべりをしていました。
(4) 彼女は眠たげな子猫のようにあくびをした / あくびをしました。
(5) その生徒は不安げに試験場を見回した / 見回しました。
(6) その悲しいニュースを聞いたとき、彼は苦しげな表情を見せた / 表情を見せました。

ことばと表現 / Words & Expressions
試験場【しけんじょう】examination room

英語 / えいご / English

(1) She looked doubtfully on my face.

(2) My uncle was hastily heading for the office.

(3) The mothers chatted away cheerfully.

(4) She yawned, looking like a sleepy kitten.

(5) The student looked around the examination room with apprehension.

(6) When he heard the sad news, he showed a painful expression.

ひらがな / Hiragana

(1) かのじょは うたがわしげに わたしの かおを みつめた / みつめました。

(2) おじは いそがしげに おふぃすに むかっていた / むかっていました。

(3) ははおやたちは たのしげに おしゃべりしていた / おしゃべりをしていました。

(4) かのじょは ねむたげな こねこのように あくびをした / あくびをしました。

(5) そのせいとは ふあんげに しけんじょうを みまわした / みまわしました。

(6) その かなしいにゅーすを きいたとき、かれは くるしげな ひょうじょうを みせた / ひょうじょうを みせました。

ローマ字 / Roman letters

(1) Kanojo wa utagawa shige ni watashinokao o mitsumeta/ mitsumemashita.

(2) Oji wa isogashi-ge ni ofisu ni mukatte ita/ mukatte imashita.

(3) Hahaoya-tachi wa tanoshi-ge ni oshaberi shite ita/ oshaberi o shite imashita.

(4) Kanojo wa nemu tagena koneko no yô ni akubi o shita/ akubi o shimashita.

(5) Sono seito wa fuan-ge ni shikenjô o mimawashita/ mimawashimashita.

(6) Sono kanashî nyûsu o kîta toki, kare wa kurushi-gena hyôjô o miseta/ hyôjô o miseta.

ごとに (goto ni): each, every, at intervals of

Meaning:
each; every; at intervals of

Formation:
Verb-dictionary form + ごとに
Noun + ごとに

日本語 / にほんご / Japanese
(1) 東京は日ごとに寒くなった / 寒くなりました。
(2) あの国の経済状態は日ごとに変化する / 変化します。
(3) 彼は３日ごとにここへ来る / 来ます。
(4) オリンピック大会は４年ごとに開催されている / 開催されています。
(5) 一歩進むごとに水が深くなる / 深くなります。
(6) ザックは地下への階段を一段降りるごとに心拍が速まるのを感じた / 感じました。

ことばと表現 / Words & Expressions
経済状態【けいざいじょうたい】economic situation
オリンピック大会【おりんぴっくたいかい】Olympic Games
開催する【かいさいする】to hold
地下【ちか】basement
階段【かいだん】stairs
心拍【しんぱく】heart rate

英語 / えいご / English

(1) It got colder day by day in Tokyo.
(2) That country's economic situation changes from day to day.
(3) He comes here every three days.
(4) The Olympic Games are held every 4 years.
(5) The water grows deeper at every step.
(6) Zac felt his heart rate increasing with each downward step into the basement.

ひらがな / Hiragana

(1) とうきょうは ひごとに さむくなった / さむくなりました。
(2) あのくにの けいざいじょうたいは ひごとに へんかする / へんかします。
(3) かれは みっかごとに ここへ くる / きます。
(4) おりんぴっくたいかいは よねんごとに かいさいされている / かいさいされています。
(5) いっぽ すすむごとに みずが ふかくなる / ふかくなります。
(6) ざっくは ちかへの かいだんを いちだんを おりるごとに しんぱくが はやまるのを かんじた / かんじました。

ローマ字 / Roman letters

(1) Tôkyô wa higoto ni samuku natta/ samuku narimashita.

(2) Ano kuni no keizai jôtai wa hi-goto ni henka suru/ henka shimasu.

(3) Kare wa mikka-goto ni koko e kuru/ kimasu.

(4) Orinpikku taikai wa yo-nen-goto ni kaisai sa rete iru/ kaisai sa rete imasu.

(5) Ippo susumu-goto ni mizu ga fukaku naru/ fukaku narimasu.

(6) Zakku wa chika e no kaidan o ichidan oriru goto ni shinpaku ga hayamaru no o kanjita/ kanjimashita.

逆に (gyaku ni): on the contrary

Meaning:
on the contrary

Formation:
逆に + phrase

日本語 / にほんご / Japanese
(1) 天気予報と逆に、雨が降り続いている / 降り続いています。
(2) 私たちの期待とは逆に、今年の売り上げは増えなかった / 増えませんでした。
(3) 娘は飛行機が好きだが、逆に息子は飛行機が嫌いだ / 嫌いです。
(4) 大阪の夏はひどく湿気が多い。逆に冬は乾燥する。
(5) 幸せだから笑うのではない。逆に、笑うから幸せなのです。
(6) ストレスがたまると私は食欲がなくなるのではなく、逆に食欲が増す / 増します。

ことばと表現 / Words & Expressions
湿気が多い【しっけがおおい】to get very humid
乾燥する【かんそうする】to get dry
食欲【しょくよく】appetite
ストレスがたまる【すとれすがたまる】to get stressed

英語 / えいご / English

(1) It's been raining nonstop in contrast to the weather forecast.

(2) Contrary to our expectations, Sales didn't go up this year.

(3) My daughter likes airplanes, while my son dislikes airplanes.

(4) It gets very humid in Osaka in summer. On the other hand, it gets very dry there in winter.

(5) You're not happy because you laugh a lot, it's because you laugh a lot that you're happy.

(6) I don't lose my appetite when I get stressed, rather I have an increased appetite.

ひらがな / Hiragana

(1) てんきよほうと ぎゃくに、あめが ふりつづいている / ふりつづいています。

(2) わたしたちの きたいとは ぎゃくに、ことしの うりあげは ふえなかった / ふえませんでした。

(3) むすめは ひこうきが すきだが、ぎゃくに むすこは ひこうきが きらいだ / きらいです。

(4) おおさかの なつは ひどく しっけが おおい。ぎゃくに ふゆは かんそうする。

(5) しあわせだから わらうのではない。ぎゃくに、わらうから しあわせなのです。

(6) すとれすが たまると わたしは しょくよくが なくなるのではなく、ぎゃくに しょくよくが ます / ます。

ローマ字 / Roman letters

(1) Tenkiyohô to gyaku ni, ame ga furi tsuzuite iru/ furi tsuzuite imasu.

(2) Watashitachi no kitai to wa gyaku ni, kotoshi no uriage wa fuenakatta/ fuemasendeshita.

(3) Musume wa hikôki ga sukida ga, gyaku ni musuko wa hikôki ga kiraida/ kiraidesu.

(4) Osaka no natsu wa hidoku shikke ga ooi. Gyaku ni fuyu wa kansô suru.

(5) Shiawasedakara warau node wanai. Gyaku ni, waraukara shiawasena nodesu.

(6) Sutoresu ga tamaru to watashi wa shokuyoku ga nakunaru node wa naku, gyaku ni shokuyoku ga masu/ mashimasu.

以外 (igai): excepting, with the exception of

Meaning:
with the exception of; excepting

Formation:
Noun + 以外

日本語 / にほんご / Japanese
(1) 私以外みんな忙しい　/　忙しいです。
(2) アキラとナオミ以外誰もパーティーに来なかった　/　来ませんでした。
(3) ヒロシ以外全員が来た　/　来ました。
(4) 叔母は日本語以外喋れない　/　喋れません。
(5) 兄は仕事以外に興味がない　/　興味がありません。
(6) 私はその音以外何も聞こえなかった　/　聞こえませんでした。

英語 / えいご / English
(1) Everybody is busy except me.
(2) No one came to the party except Akira and Naomi.
(3) All but Hiroshi came.
(4) My aunt cannot speak a language other than Japanese.
(5) My older brother has no interests, apart from his work.
(6) I couldn't hear anything other than that sound.

ひらがな / Hiragana

(1) わたし いがい みんな いそがしい / いそがしいです。

(2) あきらとなおみ いがい だれも ぱーてぃーに こなかった / きませんでした。

(3) ひろし いがい ぜんいんが きた / きました。

(4) おばは にほんご いがい しゃべれない / しゃべれません。

(5) あには しごと いがいに きょうみがない / きょうみがありません。

(6) わたしは そのおと いがい なにも きこえなかった / きこえませんでした。

ローマ字 / Roman letters

(1) Watashi igai min'na isogashî/ isogashîdesu.

(2) Akira to Naomi igai dare mo pâtî ni konakatta/ kimasendeshita.

(3) Hiroshi igai zen'in ga kita/ kimashita.

(4) Oba wa nihongo igai shaberenai/ shaberemasen.

(5) Ani wa shigotoigai ni kyômi ga nai/ kyômi ga arimasen.

(6) Watashi wa sono Oto igai nani mo kikoenakatta/ kikoemasendeshita.

いよいよ (iyoiyo): at last, finally

Meaning:
at last; finally

Formation:
いよいよ + phrase

日本語 / にほんご / Japanese
(1) いよいよその祭りが始まる / 始まります。
(2) いよいよ来週、講演会が開催される / 開催されます。
(3) いよいよ彼女の番になった / 番になりました。
(4) いよいよ今日で3月が終わりだ / 終わりです。
(5) 私は探していたものをいよいよ見つけた / 見つけました。
(6) 私たちのベトナム旅行はいよいよ明日だ / 明日です。

ことばと表現 / Words & Expressions
祭り【まつり】festival

英語 / えいご / English
(1) That festival is going to start at last.
(2) Next week, the lecture will be held at last.
(3) It was her turn at last.
(4) Today's finally the end of March.
(5) I finally found what I've been looking for.
(6) Our Vietnam trip is going to start tomorrow at last.

ひらがな / Hiragana

(1) いよいよ　そのまつりが　はじまる / はじまります。

(2) いよいよ　らいしゅう、こうえんかいが　かいさいされる / かいさいされます。

(3) いよいよ　かのじょの　ばんに　なった / ばんに　なりました。

(4) いよいよ　きょうで　さんがつが　おわりだ / おわりです。

(5) わたしは　さがしていたものを　いよいよ　みつけた / みつけました。

(6) わたしたちの　べとなむ　りょこうは　いよいよ　あしただ / あしたです。

ローマ字 / Roman letters

(1) Iyoiyo sono matsuri ga hajimaru/ hajimarimasu.

(2) Iyoiyo raishû, kôen-kai ga kaisai sa reru/ kaisai sa remasu.

(3) Iyoiyo kanojo no ban ni natta/ ban ni narimashita.

(4) Iyoiyo kyô de 3 ~~tsuki~~ *sangatsu* ga owarida/ owaridesu.

(5) Watashi wa sagashite ita mono o iyoiyo mitsuketa/ mitsukemashita.

(6) Watashitachi no Betonamu ryokô wa iyoiyo ashitada/ ashitadesu.

反面 (hanmen): on the other hand

Meaning:
on the other hand

Formation:
Verb-casual + 反面
Noun + である反面
い adj + 反面
な adj + な / である反面
Phrase 1 + その反面 + Phrase 2

日本語 / にほんご / Japanese
(1) この薬はよく効く反面、副作用がある / 副作用があります。
(2) 彼の顔は怖そうに見える反面、彼の声は優しくおだやかだった / おだやかでした。
(3) この布は水に強い反面、熱には弱い / 弱いです。
(4) 彼はスポーツが上手な反面、勉強はまったくだめだ / まったくだめです。
(5) フェースブックは便利な反面、トラブルも多い / 多いです。
(6) 彼女のお兄さんは紳士である反面、子供っぽいところがある / 子供っぽいところがあります。

ことばと表現 / Words & Expressions
副作用【ふくさよう】side effect
おだやかな【---】calm
熱【ねつ】heat
紳士【しんし】gentleman
子供っぽい【こどもっぽい】childish

英語 / えいご / English
(1) This medicine works well, but on the other hand, it has a side effect.
(2) In contrast to his frightening looks, his voice was kind and calm.
(3) This cloth is strong in water on the other hand, is vulnerable to heat.
(4) He's good at sports, but on the other hand, he's hopeless at studying.
(5) Facebook can be useful, but on the other hand, it also causes many troubles.
(6) Her older brother is a gentleman, but on the other hand, he's also childish.

ひらがな / Hiragana
(1) このくすりは よく きく はんめん、ふくさようがある / ふくさようが あります。
(2) かれの かおは こわそうに みえる はんめん、かれの こえは やさしく おだやかだった / おだやかでした。

(3) このぬのはみずにつよいはんめん、ねつにはよわい / よわいです。

(4) かれはすぽーつが じょうずな はんめん、べんきょう は まったく だめだ / まったくだめです。

(5) ふぇいすぶっくは べんりな はんめん、とらぶるも おおい / おおいです。

(6) かのじょの おにいさんは しんしである はんめん、こどもっぽいところがある / こどもっぽいところがあります。

ローマ字 / Roman letters

(1) Kono kusuri wa yoku kiku hanmen, fukusayô ga aru/ fukusayô ga arimasu.

(2) Kare no kao wa kowa-sô ni mieru hanmen, kare no koe wa yasashiku odayakadatta/ odayakadeshita.

(3) Kono nuno wa mizu ni tsuyoi hanmen, netsu ni wa yowai/ yowaidesu.

(4) Kare wa supootsu ga jôzuna hanmen, benkyô wa mattaku dameda/ mattaku damedesu.

(5) Fêsubukku wa benrina hanmen, toraburu mo ôi/ ôidesu.

(6) Kanojo no onî san wa shinshi dearu hanmen, kodomo ppoi tokoro ga aru/ kodomo ppoi tokoro ga arimasu.

果たして (hatashite): sure enough, really

Meaning:
sure enough; really

Formation:
果たして + phrase

日本語 / にほんご / Japanese
(1) 果たして、それは本当だろうか / 本当でしょうか。
(2) 果たして、この認識は正しいのだろうか / 正しいのでしょうか。
(3) 果たして私たちはまた会うことができるだろうか / できるでしょうか。
(4) あなたの言う事が果たして事実なのか調べてみる / 調べてみます。
(5) 経営陣は果たして本気で私たちのボーナスについて考えようとしているのだろうか / 考えようとしているのでしょうか。
(6) 果たして正しいことをしたのかどうか、私はいまだに確信がない / 確信がありません。

ことばと表現 / Words & Expressions
認識【にんしき】perception
事実【じじつ】truth
調べる【しらべる】to check

経営陣【けいえいじん】management
確信がない【かくしんがない】not sure

英語 / えいご / English
(1) Is it really true?
(2) Is this perception correct?
(3) Would we ever meet again?
(4) We will check to see if what you have said is really the truth.
(5) Is management really going to consider our bonus？
(6) I'm not sure, even now, if I've done the right thing.

ひらがな / Hiragana
(1) はたして、それは ほんとう だろうか / ほんとう でしょうか。
(2) はたして、この にんしきは ただしいのだろうか / ただしいのでしょうか。
(3) はたして わたしたちは また あうことが できるだろうか / できるでしょうか。
(4) あなたの いうことが はたして じじつなのか しらべてみる / しらべてみます。
(5) けいえいじんは はたして ほんきで わたしたちの ぼーなすについて かんがえようとしているのだろうか / かんがえようとしているのでしょうか。
(6) はたして ただしいことを したのかどうか、わたしは いまだに かくしんがない / かくしんがありません。

ローマ字 / Roman letters

(1) Hatashite, sore wa hontôdarô ka/ hontôdeshô ka.

(2) Hatashite, kono ninshiki wa tadashî nodarô ka/ tadashînodeshô ka.

(3) Hatashite watashitachi wa mata au koto ga dekirudarô ka/ dekirudeshô ka.

(4) Anata no iu koto ga hatashite jijitsuna no ka shirabete miru/ shirabete mimasu.

(5) Keiei-jin wa hatashite honki de watashitachi no boonasu ni tsuite kangaeyô to shite iru nodarô ka/ kangaeyô to shite iru nodeshô ka.

(6) Hatashite tadashî koto o shita no ka dô ka, watashi wa imadani kakushin ga nai/ kakushin ga arimasen.

以上 (ijou): because, now that

Meaning:
because; now that; since; once; as long as

Formation:
Verb-dictionary form + 以上（は）
Verb-casual, past + 以上（は）
Noun + である以上（は）
な adj + である以上（は）

日本語 / にほんご / Japanese
(1) 学生である以上は勉強すべきだ / 勉強すべきです。
(2) 試験を受ける以上、私は何とかして合格したい / 合格したいです。
(3) 真相を知った以上、私は何かしなければならない / 何かしなければなりません。
(4) 彼がマレーシア国民である以上、私には彼を助ける義務がある / 義務があります。
(5) 彼女を信頼できない以上、あなたは彼女を雇うべきではない / 雇うべきではありません。
(6) 契約書に書かれている以上、私たちは期日までにこの仕事を完成させなければならない / 完成させなければなりません。

ことばと表現 / Words & Expressions
何とかして【なんとかして】in one way or another
真相【しんそう】truth
義務【ぎむ】obligation
契約書【けいやくしょ】contract
期日【きじつ】appointed date

英語 / えいご / English
(1) So long as you are a student, you should study.
(2) Now that I'm taking the test, I want to pass it in one way or another.
(3) Now that I've known the truth, I have to do something.
(4) Because he's a Malaysian citizen, I have an obligation to help him.
(5) Since you don`t trust her, you should not employ her.
(6) As is written in the contract, we must complete this job by the appointed date.

ひらがな / Hiragana
(1) がくせい である いじょうは べんきょう すべきだ / べんきょう すべきです。
(2) しけんを うける いじょう、わたしは なんとかして ごうかく したい / ごうかく したいです。
(3) しんそうを しった いじょう、わたしは なにか しなければならない / なにか しなければなりません。

(4) かれが まれーしあ こくみんである いじょう、わたしには かれを たすける ぎむが ある / ぎむが あります。

(5) かのじょを しんらいできない いじょう、あなたは かのじょを やとう べきではない / やとう べきではありません。

(6) けいやくしょに かかれている いじょう、わたしたちは きじつまでに このしごとを かんせい させなければならない / かんせい させなければなりません。

ローマ字 / Roman letters

(1) Gakusei dearu ijô wa benkyô subekida/ benkyô subekidesu.

(2) Shiken o ukeru ijô, watashi wa nantoka shite gôkaku shitai/ gôkaku shitaidesu.

(3) Shinsô o shitta ijô, watashi wa nani ka shinakereba naranai/ nanika shinakereba narimasen.

(4) Kare ga mareishia kokumindearu ijô, watashini wa kare o tasukeru gimu ga aru/ gimu ga arimasu.

(5) Kanojo o shinrai dekinai ijô, anata wa kanojo o yatoubekide wanai/ yatoubekide wa arimasen.

(6) Keiyakusho ni kaka rete iru ijô, watashitachiha kijitsu made ni kono shigoto o kansei sa senakereba naranai/ kansei sa senakereba narimasen.

以上に (ijou ni): more than, no less than

Meaning:
more than; not less than

Formation:
Verb-casual + 以上に
以上の + Noun
Noun + 以上に
な adj + 以上に

日本語 / にほんご / Japanese
(1) 彼は予想以上に有能な弁護士だ / 弁護士です。
(2) 予想以上に悪い天候だ / 天候です。
(3) 私は必要以上にたくさんのお金を使いたくない / 使いたくありません。
(4) 姪は想像した以上に多くの秘密を抱えている / 抱えています。
(5) 予想した以上に、弟はトルコ語を流暢に話せる / 話せます。
(6) 企画が採用されたことが判明したとき、想像した以上に同僚は喜んだ / 喜びました。

ことばと表現 / Words & Expressions
秘密を抱える【ひみつをかかえる】to keep secret
トルコ語【とるこご】Turkish
採用する【さいようする】to adopt
判明する【はんめいする】to turn out

英語 / えいご / English

(1) He is an abler lawyer than I expected.
(2) This bad weather is more than I bargained for.
(3) I don't want to use more money than I need.
(4) My niece keeps more secrets than I imagined.
(5) My brother can speak Turkish more fluently than I expected.
(6) When it turned out that the project was adopted, my colleagues were more pleased than I had imagined.

ひらがな / Hiragana

(1) かれは よそう いじょうに ゆうのうな べんごしだ / べんごしです。
(2) よそう いじょうに わるい てんこうだ / てんこうです。
(3) わたしは ひつよういじょうに たくさんの おかねを つかいたくない / つかいたくありません。
(4) めいは そうぞうした いじょうに おおくの ひみつを かかえている / かかえています。
(5) よそうした いじょうに、おとうとは とるこごを りゅうちょうに はなせる / はなせます。
(6) きかくが さいようされたことが はんめいしたとき、そうぞうした いじょうに どうりょうは よろこんだ / よろこびました。

ローマ字 / Roman letters

(1) Kare wa yosô ijô ni yûnôna bengoshi da/ bengoshi desu.

(2) Yosô ijô ni warui tenkô da/ tenkô desu.

(3) Watashi wa hitsuyô ijô ni takusan no okane o tsukaitakunai/ tsukaitaku arimasen.

(4) Mei wa sôzô shita ijô ni ooku no himitsu o kakaete iru/ kakaete imasu.

(5) Yosô ijô ni, otôto wa Toruko-go o ryûchô ni hanaseru/ hanasemasu.

(6) Kikaku ga saiyô sa reta koto ga hanmei shita toki, sôzô shita ijô ni dôryô wa yorokonda/ yorokobimashita.

いきなり (ikinari): suddenly, all of a sudden

Meaning:
suddenly; all of a sudden

Formation:
いきなり + action

日本語 / にほんご / Japanese
(1) 午後、電話がいきなり鳴った / 鳴りました。
(2)「会社に来なさい」と社長は私に電話でいきなり言った / 言いました。
(3) 私の前でタクシーがいきなり止まった / 止まりました。
(4) そのタクシーはいきなり右に曲がった / 曲がりました。
(5) 会社に着くと、社長がいきなり現れた / 現われました。
(6) 私はいきなり解雇された / 解雇されました。
(7) 社長はいきなり笑い出した / 笑い出しました。

ことばと表現 / Words & Expressions
解雇する【かいこする】to discharge

英語 / えいご / English

(1) In the afternoon, my phone suddenly rang.
(2) "Come to the office", the president suddenly said to me on the phone.
(3) The taxi suddenly stopped in front of me.
(4) The taxi abruptly turned right.
(5) When I got to the office, the president suddenly appeared.
(6) I was discharged without notice.
(7) The president burst into laughter.

ひらがな / Hiragana

(1) ごご、でんわが いきなり なった / なりました。
(2)「かいしゃに きなさい」と しゃちょうは わたしに でんわで いきなり いった / いいました。
(3) わたしのまえで たくしーが いきなり とまった / とまりました。
(4) そのたくしーは いきなり みぎに まがった / みぎがりました。
(5) かいしゃにつくと、しゃちょうがいきなりあらわれた / あらわれました。
(6) わたしは いきなり かいこ された / かいこ されました。
(7) しゃちょうは いきなり わらいだした / わらいだしました。

ローマ字 / Roman letters

(1) Gogo, denwa ga ikinari natta/ narimashita.

(2) `Kaisha ni ki nasai' to shachô wa watashi ni denwa de ikinari itta/ îmashita.

(3) Watashi no mae de takushî ga ikinari tomatta/ tomarimashita.

(4) Sono takushî wa ikinari migi ni magatta/ magarimashita.

(5) Kaisha ni tsuku to, shachô ga ikinari arawareta/ arawaremashita.

(6) Watashi wa ikinari kaiko sa reta/ kaiko sa remashita.

(7) Shachô wa ikinari warai dashita/ warai dashimashita.

いわゆる (iwayuru): so-called, so to speak

Meaning:
so-called, so to speak

Formation:
いわゆる + Noun

日本語 / にほんご / Japanese
(1) ザックさんはいわゆる紳士だ / 紳士です。
(2) 彼はいわゆる語学の天才だ / 天才です。
(3) その経営コンサルタントはいわゆる国際人だ / 国際人です。
(4) これがいわゆる「天ぷら」というものだ /「天ぷら」というものです。
(5) これはいわゆる斬新なアイデアだ / アイデアです。
(6) これはある国ではいわゆる「贈り物」で、他の国では「贈賄」だ /「贈賄」です。

ことばと表現 / Words & Expressions
紳士【しんし】gentleman
経営コンサルタント【けいえいこんさるたんと】management consultant
国際人【こくさいじん】cosmopolitan
斬新な【ざんしんな】brand-new
贈賄【ぞうわい】bribery

英語 / えいご / English

(1) Zac is what is called a gentleman.

(2) He is what is called a genius in language.

(3) The management consultant is what you call a cosmopolitan.

(4) This is what we call "tempura".

(5) This is what we call a 'brand-new idea.'

(6) This is what is called a 'present' in some countries and 'bribery' in others.

ひらがな / Hiragana

(1) ざっくさんは いわゆる しんしだ / しんしです。

(2) かれは いわゆる ごがくの てんさいだ / てんさいです。

(3) その けいえいこんさるたんとは いわゆる こくさいじんだ / こくさいじんです。

(4) これが いわゆる 「てんぷら」 というものだ /「てんぷら」というものです。

(5) これは いわゆる ざんしんな あいであだ / あいであです。

(6) これは あるくにでは いわゆる 「おくりもの」で、ほかのくにでは 「ぞうわい」だ /「ぞうわい」です。

ローマ字 / Roman letters

(1) Zakku-san wa iwayuru shinshida/ shinshidesu.

(2) Kare wa iwayuru gogaku no tensaida/ tensaidesu.

(3) Sono keiei konsarutanto wa iwayuru kokusai hitoda/ kokusai hitodesu.

(4) Kore ga iwayuru `tenpura' to iu monoda/ `tenpura' to iu monodesu.

(5) Kore wa iwayuru zanshin'na aideada/ aideadesu.

(6) Kore wa aru kunide wa iwayuru `okurimono' de, hoka no kunide wa `zôwai'da/ `zôwai'desu.

上 (jou): from the standpoint of

Meaning:
from the standpoint of; as a matter of; in terms of

Formation:
Noun + 上（は）/ 上の

日本語 / にほんご / Japanese
(1) 先週、彼は健康上の理由で仕事を辞めた　/　仕事を辞めました。
(2) 妹はその運動の事実上の指導者だった　/　指導者でした。
(3) 彼らは政治上の問題について議論するのが好きだった　/　好きでした。
(4) あなたの好きな歴史上の人物は誰ですか？
(5) この本は教育上、あまりよくない本だ　/　本です。
(6) 他人の住所を承諾なしに公表することは、法律上、認められていない　/　認められていません。

ことばと表現 / Words & Expressions
健康【けんこう】health
承諾【しょうだく】approval
公表する【こうひょうする】to announce something publicly

英語 / えいご / English

(1) He quit his job for health concerns last week.
(2) My little sister was the virtual leader of the movement.
(3) They liked to argue about political issues.
(4) Who is your favorite historical figure?
(5) This book is not a good book educationally.
(6) Announcing other people's addresses publicly without approval is not acceptable from a legal point of view.

ひらがな / Hiragana

(1) せんしゅう、かれは けんこうじょうの りゆうで しごとを やめた / しごとを やめました。
(2) いもうとは そのうんどうの じじつじょうの しどうしゃ だった / しどうしゃ でした。
(3) かれらは せいじじょうの もんだいについて ぎろんするのが すきだった / すきでした。
(4) あなたの すきな れきしじょうの じんぶつは だれですか？
(5) このほんは きょういくじょう、あまり よくない ほんだ / ほんです。
(6) たにんの じゅうしょを しょうだくなしに こうひょうすることは、ほうりつじょう、みとめられていない / みとめられていません。

ローマ字　/ Roman letters

(1) Senshû, kare wa kenkôjô no riyû de shigoto o yameta/ shigoto o yamemashita.

(2) Imôto wa sono undô no jijitsujô no shidô-sha datta/ shidô-sha deshita.

(3) Karera wa seiji-jô no mondai ni tsuite giron suru no ga sukidatta/ sukideshita.

(4) Anata no sukina rekishijô no jinbutsu wa daredesu ka?

(5) Kono Moto wa kyôiku-jô, amari yokunai honda/ hondesu.

(6) Tanin no jûsho o shôdaku nashi ni kôhyô suru koto wa, hôritsu-jô, mitome rarete inai/ mitome rarete imasen.

か〜ないかのうちに (ka~nai ka no uchi ni): right after, as soon as

Meaning:
right after; as soon as, at the point between; just barely...when; just before …;no sooner had;hardly had

Formation:
Verb-dictionary form + か + Verb- ない form + うちに / かのうちに

Verb-casual, past + か + Verb- ない form + うちに / かのうちに

日本語 / にほんご / Japanese
(1) 彼らが出発するか、しないかのうちに、雨が降り出した / 雨が降りだしました。
(2) 私が講堂に入るか入らないかのうちに式が始まった / 式が始まりました。
(3) 電車のドアが開くか開かないかのうちに乗客が飛び出して来る / 飛び出して来ます。
(4) 今朝まだ目が覚めるか覚めないかのうちに、友達が迎えに来た / 迎えに来ました。
(5) 私が寝入るか寝入らないかのうちに、電話が鳴った / 電話が鳴りました。
(6) 彼らが向きを変えるか変えないうちに、部長は会議室を退室した / 退出しました。

ことばと表現 / Words & Expressions
講堂【こうどう】hall
乗客【じょうきゃく】passenger
寝入る【ねいる】to fall asleep

英語 / えいご / English
(1) They had hardly departed when it began to rain.
(2) No sooner had I entered the hall than the ceremony began.
(3) Just at the moment when the train doors are opening, the passengers fly out.
(4) My friend came to pick me up right after I woke up this morning.
(5) I had hardly fallen asleep when the telephone rang.
(6) They had barely turned around when a department director left the meeting room.

ひらがな / Hiragana
(1) かれらが しゅっぱつするか、しないかのうちに、あめが ふりだした / あめが ふりだしました。
(2) わたしが こうどうに はいるか はいらないかのうちに しきが はじまった / しきが はじまりました。
(3) でんしゃの どあが ひらくか ひらかないかのうちに じょうきゃくが とびだしてくる / とびだしてきます。
(4) けさ まだ めがさめるか さめないかのうちに、ともだちが むかえに きた / むかえに きました。

(5) わたしが ねいるか ねいらないかのうちに、でんわが なった / でんわが なりました。

(6) かれらが むきを かえるか かえないうちに、ぶちょうは かいぎしつを たいしゅつした / たいしゅつしました。

ローマ字 / Roman letters

(1) Karera ga shuppatsu suru ka, shinai ka no uchi ni, ame ga furidashita/ ame ga ori dashimashita.

(2) Watashi ga kôdô ni hairu ka hairanai ka no uchi ni shiki ga hajimatta/ shiki ga hajimarimashita.

(3) Densha no doa ga hiraku ka hirakanai ka no uchi ni jôkyaku ga tobidashite kuru/ tobidashite kimasu.

(4) Kesa mada megasameru ka samenai ka no uchi ni, tomodachi ga mukae ni kita/ mukae ni kimashita.

(5) Watashi ga neiru ka neiranai ka no uchi ni, denwa ga natta/ denwa ga narimashita.

(6) Karera ga muki o kaeru ka kaenai uchi ni, buchô wa kaigijitsu o taishutsu shita/ taishutsu shimashita.

かえって (kaette): on the contrary, rather, surprisingly

Meaning:
on the contrary; rather; all the more; surprisingly

Formation:
Phrase 1 + かえって + phrase 2

日本語 / にほんご / Japanese
(1) 欠点があるからかえって彼女が好きだ / 好きです。
(2) 完全を求めるとかえって失敗する / 失敗する。
(3) 安いと思って買ったのに、腐っていたのでかえって損をした / 損をしました。
(4) 休養するどころか娘はかえっていつもより仕事に励んだ / 励みました。
(5) 私たちがその制度を撤廃すれば、かえって悪影響が出てくる可能性がある / 可能性があります。
(6) 誰かがそんな美辞麗句を並べると、かえって嘘を言っているように聞こえる / 聞こえます。

ことばと表現 / Words & Expressions
欠点【けってん】fault
完全【かんぜん】perfection
撤廃する【てっぱいする】to abolish
美辞麗句を並べる【びじれいくをならべる】to speak with rhetorical flourish

英語 / えいご / English

(1) I like her all the better for her faults.
(2) If you ask for perfection you will rather fail. / The best is often the enemy of the good.
(3) I bought it thinking it cheap, but it was rotten so I ended up losing out.
(4) Instead of taking a rest, my daughter worked much harder than usual.
(5) If we abolish that system, there might be a negative effect.
(6) When someone speaks with such rhetorical flourish it starts to sound like they're lying.

ひらがな / Hiragana

(1) けってんが あるから かえって かのじょ がすきだ / すきです。
(2) かんぜんを もとめると かえって しっぱいする / しっぱいする。
(3) やすいと おもって かったのに、くさっていたので かえって そんをした / そんをしました。
(4) きゅうよう する どころか むすめは かえって いつも より しごとに はげんだ / はげみました。
(5) わたしたちが そのせいどを てっぱいすれば、かえって あくえいきょうが でてくる かのうせいが ある / かのうせいが あります。
(6) だれかが そんな びじれいくをならべると、かえって うそを いっている ように きこえる / きこえます。

ローマ字 / Roman letters

(1) Ketten ga arukara kaette kanojo ga sukida/ sukidesu.

(2) Kanzen o motomeruto kaette shippai suru/ shippai suru.

(3) Yasui to omotte katta no ni, kusatte itanode kaette son o shita/ son o shimashita.

(4) Kyûyô surudokoroka musume wa kaette itsumo yori shigoto ni hagenda/ hagemimashita.

(5) Watashitachi ga sono seido o teppai sureba, kaette akueikyô ga detekuru kanôsei ga aru/ kanôsei ga arimasu.

(6) Darekaga son'na bijireiku o naraberu to, kaette uso o itte iru yô ni kikoeru/ kikoemasu.

かいがある (kai ga aru): it's worth one's effort to do something

Meaning:
it's worth one's efforts to do something

Formation:
Verb-casual, past + 甲斐がある (kai ga aru)
甲斐のある + Noun

日本語 / にほんご / Japanese
(1) この本は読む甲斐がある / 甲斐があります。
(2) よいことは待つ甲斐がある / 甲斐があります。
(3) わざわざインドまで来た甲斐があった / 甲斐がありました。
(4) 毎日ダイエットをした甲斐があって、5キロ痩せることができた / 痩せることができました。
(5) こんなにおいしい寿司が食べられたので、1時間も列に並んだ甲斐があった / 甲斐がありました。
(6) 私は現在、責任のある仕事を任されている。転職した甲斐があった / 甲斐がありました。

ことばと表現 / Words & Expressions
ダイエットをする【だいえっとをする】to be on a diet
列に並ぶ【れつにならぶ】to stand in line
責任のある仕事【せきにんのあるしごと】a job with a lot of responsibility

英語 / えいご / English

(1) It is worthwhile to read the book.
(2) Good things are worth waiting for.
(3) It was worth coming all the way to India.
(4) It was worth being on a diet every day, I was able to lose 5 kg.
(5) Since I could eat such a delicious sushi, it was worth standing in line for an hour.
(6) I'm in charge of a job with a lot of responsibility now. It was worth moving to a new job.

ひらがな / Hiragana

(1) この ほんは よむ かいがある / かいがあります。
(2) よいことは まつ かいがある / かいがあります。
(3) わざわざ いんどまで きた かいがあった / かいがありました。
(4) まいにちだいえっとを した かいがあって、ごきろ やせることができた / やせることができました。
(5) こんなに おいしい すしが たべられたので、いちじかんも れつに ならんだ かいがあった / かいがありました。
(6) わたしは げんざい、せきにんのある しごとを まかされている。てんしょくした かいがあった / かいがありました。

ローマ字 / Roman letters

(1) Kono hon wa yomu kai gâru/ Kai ga arimasu.

(2) Yoikoto wa matsu kai gâru/ Kai ga arimasu.

(3) Wazawaza Indo made kita kai ga atta/ Kai ga arimashita.

(4) Mainichi daietto o shita kai ga atte, go-kiro yaseru koto ga dekita/ yaseru koto ga dekimashita.

(5) Kon'nani oishî sushi ga tabe raretanode, ichi-jikan mo retsu ni naranda kai ga atta/ Kai ga arimashita.

(6) Watashi wa genzai, sekinin no aru shigoto o makase rarete iru. Tenshoku shita kai ga atta/ Kai ga arimashita.

か何か (ka nanika): or something

Meaning:
or something, or something like that

Formation:
Noun + か何か

日本語 / にほんご / Japanese
(1) 私はコーヒーか何か飲みたい / 飲みたいです。
(2) 私はテニスか何かしたい / 何かしたいです。
(3) そこには猿か何かいる / 何かいます。
(4) メモ用紙か何か貸して / 貸してください。
(5) お急ぎでなかったら、お茶か何かどう / お茶か何かいかがですか。
(6) 風で紙が飛んでしまうので、本か何か重いものを載せておこう / 載せておきましょう。

ことばと表現 / Words & Expressions
メモ用紙【めもようし】memo pad
載せる【のせる】to place on

英語 / えいご / English
(1) I want to drink coffee or something.
(2) I want to play tennis or something.
(3) There are monkeys or something there.

(4) Lend me a memo pad or something.
(5) How about a cup of tea or something, if you aren't in a hurry?
(6) Since the papers are flying because of the wind, let's use something heavy like a book to place on them.

ひらがな / Hiragana
(1) わたしは こーひーかなにか のみたい / のみたいです。
(2) わたしは てにすかなにか したい / なにかしたいです。
(3) そこには さるかなにか いる / なにかいます。
(4) めもようしかなにか かして / かしてください。
(5) おいそぎで なかったら、おちゃかなにか どう / おちゃかなにか いかがですか。
(6) かぜで かみが とんでしまうので、ほんかなにか おもいものを のせておこう / のせておきましょう。

ローマ字 / Roman letters
(1) Watashi wa kôhî ka nani ka nomitai/ nomitaidesu.
(2) Watashi wa tenisu ka nani ka shitai/ nanika shitaidesu.
(3) Soko ni wa saru ka nani ka iru/ nanika imasu.
(4) Memo yôshi ka nanika kashite/ kashite kudasai.
(5) O isogi de nakattara, ocha ka nani ka dô / ocha ka nani ka ikaga desu ka.
(6) Kaze de kami ga tonde shimau node, hon ka nani ka omoi mono o nosete okô / nosete okimashô.

かねない (kanenai): might happen, might do something

Meaning:
(someone) might do something, might happen

Formation:
Verb- ます stem + かねない

日本語 / にほんご / Japanese
(1) 姉ならそれくらいのことは言いかねない / 言いかねません。
(2) その少年は人殺しもしかねない / しかねません。
(3) 娘はどんなことにも腹を立てかねない / 腹を立てかねません。
(4) 私はとってもおなかがすいてカバだって食べかねない / 食べかねません。
(5) より多くの資源なしには、努力が失敗に終わりかねない / 終わりかねません。
(6) 冬に暖かい服装をしていないと、ひどい風邪をひきかねない / ひきかねません。

ことばと表現 / Words & Expressions
腹をたてる【はらをたてる】get mad
人殺し【ひとごろし】murder
服装【ふくそう】clothes

英語 / えいご / English

(1) My elder sister can say such things.
(2) The boy is quite capable of murder.
(3) My daughter could get mad about anything.
(4) I'm so hungry that I would eat a hippopotamus.
(5) Without more resources, the effort will likely result in failure.
(6) If you don't wear warm clothes in winter, you might catch a bad cold.

ひらがな / Hiragana

(1) あねなら それくらいのことは いいかねない / いいかねません。
(2) そのしょうねんは ひとごろしも しかねない / しかねません。
(3) むすめは どんなことにも はらを たてかねない / はらを たてかねません。
(4) わたしは とっても おなかが すいて かばだって たべかねない / たべかねません。
(5) よりおおくの しげんなしには、どりょくが しっぱいに おわりかねない / おわりかねません。
(6) ふゆに あたたかい ふくそうを していないと、ひどい かぜを ひきかねない / ひきかねません。

ローマ字 / Roman letters

(1) Ane nara sore kurai no koto wa î kanenai/ î kanemasen.

(2) Sono shônen wa hitogoroshi mo shi kanenai/ shi kanemasen.

(3) Musume wa don'na kotoni mo hara o tate kanenai/ hara o tate kanemasen.

(4) Watashi wa tottemo onaka ga suite kaba datte tabe kanenai/ tabe kanemasen.

(5) Yori ooku no shigen nashi ni wa, doryoku ga shippai ni owari kanenai/ owari kanemasen.

(6) Fuyu ni attakai fukusô o shite inai to, hidoi kaze o hiki kanenai/ hiki kanemasen.

かねる (kaneru): unable to do something

Meaning:
unable to do something; can't do something

Formation:
Verb- ます stem + かねる

日本語 / にほんご / Japanese
(1) 私はこの件に関して即答しかねる / 即答しかねます。
(2) 私はその質問の意図を測りかねた / 測りかねました。
(3) 私たちはあなたの要望に応じかねる / 応じかねます。
(4) 残念ながら、私たちはあなたの提案には賛成しかねる / 賛成しかねます。
(5) 申し訳ありませんが、お考えがわかりかねます。わたしに何をお望みですか？
(6) 労働条件の変更について会社から説明を受けた。しかし、私はどうも納得しかねる / 納得しかねます。

ことばと表現 / Words & Expressions
即答する【そくとうする】to answer immediately
測る【はかる】to understand
残念ながら【ざんねんながら】I'm afraid
労働条件【ろうどうじょうけん】working conditions
納得する【なっとくする】to understand, to fully understand

英語 / えいご / English

(1) I can't answer right now about this matter.

(2) I didn't understand the meaning of that question.

(3) We're unable to fulfill your request.

(4) I'm afraid we can't agree with your proposal.

(5) I'm sorry, but I can't read your mind. What do you want from me?

(6) I was explained by the company about the changes in working conditions, but I can't understand at all.

ひらがな / Hiragana

(1) わたしは このけんにかんして そくとうしかねる / そくとうしかねます。

(2) わたしは そのしつもんの いとを はかりかねた / はかりかねました。

(3) わたしたちは あなたの ようぼうに おうじかねる / おうじかねます。

(4) ざんねんながら、わたしたちは あなたの ていあんには さんせいしかねる / さんせいしかねます。

(5) もうしわけありませんが、おかんがえが わかりかねます。わたしに なにを おのぞみですか？

(6) ろうどうじょうけんの へんこうについて かいしゃから せつめいをうけた。しかし、わたしは どうも なっとくしかねる / なっとくしかねます。

ローマ字 / Roman letters

(1) Watashi wa kono-ken ni kanshite sokutô shi kaneru/ sokutô shi kanemasu.

(2) Watashi wa sono shitsumon no ito o hakari kaneta/ hakari kanemashita.

(3) Watashitachi wa anata no yôbô ni ôji kaneru/ ôji kanemasu.

(4) Zan'nen'nagara, watashitachi wa anata no teian ni wa sansei shi kaneru/ sansei shi kanemasu.

(5) Môshiwake arimasen ga, o kangae ga wakari kanemasu. Watashi ni nani o o nozomidesu ka?

(6) Rôdô jôken no henkô ni tsuite kaisha kara setsumei o uketa. Shikashi, watashi wa dômo nattoku shi kaneru/ nattoku shi kanemasu.

かのようだ (ka no you da): as if, just like

Meaning:
as if; just like

Formation:
Verb-casual + かのようだ
Verb-casual + かのように + Verb
Verb-casual + かのような + Noun
Noun + であるかのようだ
な adj + であるかのようだ

日本語 / にほんご / Japanese
(1) 彼女はおばけでも見たかのように感じた / 感じました。
(2) 彼女の猫は、まるで侮辱されたかのような目で私を見た / 見ました。
(3) 彼女はまるで徹夜をしたかのような顔をしていた / 顔をしていました。
(4) 彼は誰かに追われているかのように走っていた / 走っていました。
(5) その瞬間、私は時が止まったかのように感じた / 感じました。
(6) その小説の主人公はまるで父親に会ったことがないかのようだ / ないかのようです。

ことばと表現 / Words & Expressions

おばけ【おばけ】ghost
侮辱する【ぶじょくする】to insult
徹夜をする【てつやをする】to spend the whole night awake
主人公【しゅじんこう】main character

英語 / えいご / English

(1) She felt as if she had seen a ghost.
(2) Her cat looked at me as if I'd insulted him.
(3) Her face looks as if she spent the whole night awake.
(4) He was running as though he was being chased by someone.
(5) For an instant, I felt as if time had stopped.
(6) It seems like the main character of the novel has never met his father before.

ひらがな / Hiragana

(1) かのじょは おばけでも みたかのように かんじた / かんじました。
(2) かのじょの ねこは、まるで ぶじょくされたかのような めで わたしを みた / みました。
(3) かのじょは まるで てつやをしたかのような かおを していた / かおを していました。
(4) かれは だれかに おわれているかのように はしってい

た / はしっていました。
(5) そのしゅんかん、わたしは ときが とまったかのように かんじた / かんじました。
(6) そのしょうせつの しゅじんこうは まるで ちちおやに あったことがないかのようだ / ないかのようです。

ローマ字 / Roman letters

(1) Kanojo wa obake demo mita ka no yô ni kanjita/ kanjimashita.
(2) Kanojo no neko wa, marude bujoku sa reta ka no yôna me de watashi o mita/ mimashita.
(3) Kanojo wa marude tetsuya o shita ka no yôna kao o shite ita/ kao o shite imashita.
(4) Kare wa dareka ni owa rete iru ka no yô ni hashitte ita/ hashitte imashita.
(5) Sono shunkan, watashi wa toki ga tomatta ka no yô ni kanjita/ kanjimashita.
(6) Sono shôsetsu no shujinkô wa marude chichioya ni atta koto ga nai ka no yôda/ nai ka no yôdesu.

からこそ (kara koso): precisely because

Meaning:
precisely because

Formation:
Verb-casual + からこそ
Noun + だからこそ
だからこそ + phrase

日本語 / にほんご / Japanese
(1) 早く起きたからこそ私は始発電車に間に合った ／ 間に合いました。
(2) 大切に思うからこそ、私は子供たちをしかる ／ しかります。
(3) あなたが手伝ってくれたからこそ、私はこの仕事を早く終えられた ／ 終えられました。
(4) 失敗を経験しているからこそ私は他人の気持ちがわかる ／ わかります。
(5) 不況だからこそ、私たちは積極的に販路を開拓すべきだ ／ 開拓すべきです。
(6) この商品は、単純だからこそ、高齢者に支持されている ／ 支持されています。

ことばと表現 / Words & Expressions
始発電車【しはつでんしゃ】first train
積極的に【せっきょくてきに】proactively

不況【ふきょう】recession
高齢者【こうれいしゃ】elderly people

英語 / えいご / English
(1) I was able to catch the first train because I woke up early.
(2) I scold my children because I care so much about them.
(3) I was able to finish this work quickly, (especially) because of all your help.
(4) I understand other people's feelings precisely because I do experience failure.
(5) Since it is a recession, we must proactively develop sales channels.
(6) This product is supported by elderly people because it is simple.

ひらがな / Hiragana
(1) はやく おきた からこそ わたしは しはつでんしゃに まにあった / まにあいました。
(2) たいせつに おもう からこそ、わたしは こどもたちを しかる / しかります。
(3) あなたが てつだってくれた からこそ、わたしは このしごとを はやく おえられた / おえられました。
(4) しっぱいを けいけんしているからこそ わたしは たにんの きもちが わかる / わかります。
(5) ふきょうだからこそ、わたしたちは せっきょくて

きに はんろを かいたく すべきだ / かいたく すべきです。

(6) このしょうひんは、たんじゅん だからこそ、こうれいしゃに しじされている / しじされています。

ローマ字 / Roman letters

(1) Hayaku okitakara koso watashi wa shihatsu densha ni maniatta/ maniaimashita.
(2) Taisetsu ni omôkara koso, watashi wa kodomo-tachi o shikaru/ shikarimasu.
(3) Anata ga tetsudatte kuretakara koso, watashi wa kono shigoto o hayaku oe rareta/ oe raremashita.
(4) Shippai o keiken shite irukara koso watashi wa tanin no kimochi ga wakaru/ wakarimasu.
(5) Fukyôdakara koso, watashitachi wa sekkyokutekini hanro o kaitaku subekida/ kaitaku subekidesu.
(6) Kono shôhin wa, tanjundakara koso, kôrei-sha ni shiji sa rete iru/ shiji sa rete imasu.

から見ると (kara miru to): from the point of view of, by the look of

Meaning:
from the point of view of; by the look of; judging from

Formation:
Noun + から見ると / から見れば / から見て

日本語 / にほんご / Japanese
(1) レオナルドから見ると、彼は働き過ぎだ / 働きすぎです。
(2) 遠くから見ると、それは人の顔のように見えた / 見えます。
(3) 宇宙船から見ると、地球は青く見える / 見えます。
(4) 小屋の様子から見ると、そこには誰も住んでいない / 住んでいません。
(5) 現在の空模様から見ると、いつ土砂降りになるかわからない / わかりません。
(6) 栄養面から見て彼らの食事はかなりひどかった / ひどかったです。

ことばと表現 / Words & Expressions
宇宙船【うちゅうせん】spaceship
小屋【こや】cabin
土砂降り【どしゃぶり】downpour
栄養【えいよう】nutrition

英語 / えいご / English

(1) From Leonard's point of view, he works too much.
(2) Seen from a distance, it looked like a human face.
(3) Seen from a spaceship, the earth looks blue.
(4) From the look of the cabin, no one lives in it.
(5) Judging from the present look of the sky, we may have a downpour any moment.
(6) Their dishes were considerably poor from the viewpoint of nutrition.

ひらがな / Hiragana

(1) れおなるどから みると、かれは はたらき すぎだ / はたらき すぎです。
(2) とおく からみると、それは ひとの かおのように みえた / みえます。
(3) うちゅうせん から みると、ちきゅうは あおく みえる / みえます。
(4) こやの ようすからみると、そこには だれも すんでいない / すんでいません。
(5) げんざいの そらもよう からみると、いつ どしゃぶりになるか わからない / わかりません。
(6) えいようめんからみて かれらの しょくじは かなり ひどかった / ひどかったです。

ローマ字 / Roman letters

(1) Reonarudo kara miruto, kare wa hataraki sugida/ hataraki sugidesu.

(2) Tooku karamiruto, sore wa hito no kao no yô ni mieta/ miemasu.

(3) Uchûsen karamiruto, chikyû wa aoku mieru/ miemasu.

(4) Koya no yoûsu karamiruto, soko ni wa dare mo sunde inai/ sunde imasen.

(5) Genzai no soramoyô karamiruto, itsu doshaburi ni naru ka wakaranai/ wakarimasen.

(6) Eiyô-men kara mite karera no shokuji wa kanari hidokatta/ hidokattadesu.

からには (kara niwa): now that, since, so long as

Meaning:
now that; since; so long as; because

Formation:
Verb-dictionary form + からには
Verb-casual, past + からには

日本語 / にほんご / Japanese
(1) 試合に出るからには、私は勝ちたい ／ 勝ちたいです。
(2) 約束したからにはあなたは約束を守らなければならない ／ 守らなければなりません。
(3) ニューヨークに来たからには、私は自由の女神に登りたい ／ 登りたいです。
(4) 宿題が終わったからには、自由に外に出て遊んでいい ／ 遊んでいいです。
(5) 20歳になったからには、そのようなことはすべきではない ／ すべきではありません。
(6) 成人したからには、あなたは自分の行動に責任を持たねばならない ／ 持たねばなりません。

ことばと表現 / Words & Expressions
自由の女神【じゆうのめがみ】the statue of liberty
成人する【せいじんする】come of age

英語 / えいご / English

(1) Since I'll be in the games, I wanna win.
(2) Since you've made a promise, you must keep it.
(3) Since I came to New York, I want to go up to the statue of liberty.
(4) Now that you have finished your homework, you are free to go and play outside.
(5) Now that you are 20 years old, you should not do such a thing.
(6) Now that you have come of age, you should be responsible for what you do.

ひらがな / Hiragana

(1) しあいに　でる　からには、わたしは　かちたい　/　かちたいです。
(2) やくそく　したからには　あなたは　やくそくを　まもらなければならない　/　まもらなければなりません。
(3) にゅーよーくに　きた　からには、わたしは　じゆうの　めがみに　のぼりたい　/　のぼりたいです。
(4) しゅくだいが　おわった　からには、じゆうに　そとに　でてあそんでいい　/　あそんでいいです。
(5) にじゅっさいに　なったからには、そのようなことは　すべきではない　/　すべきではありません。
(6) せいじんしたからには、あなたは　じぶんの　こうどうに　せきにんを　もたねばならない　/　もたねばなりません。

ローマ字　/ Roman letters

(1) Shiai ni derukaraniwa, watashi wa kachitai/ kachitaidesu.

(2) Yakusoku shitakaraniwa anata wa yakusoku o mamoranakereba naranai/ mamoranakereba narimasen.

(3) Nyûyôku ni kitakaraniwa, watashi wa jiyû no megami ni noboritai/ noboritaidesu.

(4) Shukudai ga owattakaraniwa, jiyû ni soto ni dete asonde î / asonde î desu.

(5) Nijyussai ni nattakaraniwa, sono yôna koto wa subeki dewanai/ subeki dewa arimasen.

(6) Seijin shitakaraniwa, anata wa jibun no kôdô ni sekinin o motaneba naranai/ motaneba narimasen.

からして (kara shite): judging from, based on

Meaning:
judging from; based on; since; from; even

Formation:
Noun + からして

日本語 / にほんご / Japanese
(1) タイトルからして、この映画は面白そうだ / 面白そうです。
(2) 彼らの顔つきからして、失敗したのだろう / 失敗したのでしょう。
(3) 雰囲気からしてこのレストランは高そうだ / 高そうです。
(4) 彼の健康状態からしてテニスをするのは賢明でない / 賢明でありません。
(5) この手紙は筆跡からして弟が書いたものに違いない / 違いありません。
(6) この証拠からして母は無実ということになる / 無実ということになります。

ことばと表現 / Words & Expressions
雰囲気【ふんいき】atmosphere
賢明でない【けんめいでない】unwise
筆跡【ひっせき】handwriting
無実【むじつ】innocent

英語 / えいご / English
(1) Judging from the title, this movie looks interesting.
(2) From the way they look, I would say that they failed.
(3) Judging from the atmosphere, this restaurant looks expensive.
(4) Judging from his physical condition, playing tennis would be unwise.
(5) Judging from the handwriting, my young brother must be the one who wrote this letter.
(6) It follows from this evidence that my mother is innocent.

ひらがな / Hiragana
(1) たいとるからして、このえいがは おもしろそうだ / おもしろそうです。
(2) かれらの かおつき からして、しっぱいした のだろう / しっぱいした のでしょう。
(3) ふんいき からして このれすとらんは たかそうだ / たかそうです。
(4) かれの けんこうじょうからしててにすを するのは けんめいでない / けんめいでありません。
(5) このてがみは ひっせきからして おとうとが かいたものに ちがいない / ちがいありません。
(6) このしょうこ からして ははは むじつ ということになる / むじつ ということになります。

ローマ字 / Roman letters

(1) Taitoru kara shite, kono eiga wa omoshiro-sôda/ omoshiro-sôdesu.

(2) Karera no kaotsuki kara shite, shippai shita nodarô/ shippai shita nodeshô.

(3) Fun'iki kara shite kono resutoran wa taka-sôda/ taka-sôdesu.

(4) Kare no kenkô jôtai kara shite tenisu o suru no wa kenmeidenai/ kenmeidearimasen.

(5) Kono tegami wa hisseki kara shite otôto ga kaita mono ni chigainai/ chigai arimasen.

(6) Kono shôko kara shite haha wa mujitsu to iu koto ni naru/ mujitsu to iu koto ni narimasu

からすると / からすれば (kara suru to/kara sureba): judging from, considering

Meaning:
judging from; considering; by the look of

Formation:
Noun + からすると / からすれば / からいって

日本語 / にほんご / Japanese
(1) この空模様からすると、雨になりそうだ / 雨になりそうです。
(2) 私の視点からすると、彼の案は素晴らしい / 素晴らしいです。
(3) 実践的見地からすれば彼女の計画は実行しにくい / 実行しにくいです。
(4) 私が聞いた話からすれば、彼が自分でこれを発明したらしい / 発明したらしいです。
(5) 彼女の能力からいって、ハーバード大学に十分合格できるだろう / 合格できるでしょう。
(6) 工場での噂からいって、工場長は自宅でカンガルーを飼っているらしい / 飼っているらしいです。

ことばと表現 / Words & Expressions
空模様【そらもよう】look of the sky
実行する【じっこうする】to carry out
実践的【じっせんてき】practical

自宅で【じたくで】at home

英語 / えいご / English
(1) Judging from the look of the sky, it is likely to rain.
(2) His plan is great from my point of view.
(3) From the practical point of view, her plan is not easy to carry out.
(4) From what I've heard, it seems that he invented this himself.
(5) Judging from her ability, she'll surely be able to get into the Harvard University.
(6) Judging from the rumors going around the factory, the factory manager seems to have a kangaroo at home.

ひらがな / Hiragana
(1) この そらもよう からすると、あめに なりそうだ / あめに なりそうです。
(2) わたしの してん からすると、かれの あんは すばらしい / すばらしいです。
(3) じっせんてき けんち からすれば かのじょの けいかくは じっこうしにくい / じっこうしにくいです。
(4) わたしが きいた はなしからすれば、かれが じぶんで これを はつめいした らしい / はつめいした らしいです。
(5) かのじょの のうりょく からいって、はーばーどだいがくに じゅうぶん ごうかくできる だろう / ごうかくできる でしょう。

(6) こうじょうでの うわさ からいって、こうじょうちょうは じたくで かんがるーを かっているらしい / かっているらしいです。

ローマ字 / Roman letters

(1) Kono soramoyô kara suru to, ame ni nari-sôda/ ame ni nari-sôdesu.

(2) Watashi no shiten kara suru to, kare no an wa subarashî/ subarashîdesu.

(3) Jissen-teki kenchi kara sureba kanojo no keikaku wa jikkô shi nikui/ jikkô shi nikuidesu.

(4) Watashi ga kîta hanashi kara sureba, kare ga jibun de kore o hatsumei shitarashi/ hatsumei shitarashidesu.

(5) Kanojo no nôryoku kara itte, hâbâdo daigaku ni jûbun gôkaku dekirudarô/ gôkaku dekirudeshô.

(6) Kôjô de no uwasa kara itte, kôjôchô wa jitaku de kangarû o katte irurashî/ katte irurashîdesu.

からといって (kara to itte): just because

Meaning:
just because

Formation:
Verb-casual + からといって
Noun + だからといって
い adj + からといって
な adj + だからといって

日本語 / にほんご / Japanese
(1) ベトナムに住んでいるからといってベトナム語が話せるとは限らない / 限りません。
(2) 説明を聞いたからといって、あなたがそれをすぐにできるとは限らない / 限りません。
(3) 誰かが間違いをしたからといって、それを笑うのは無作法だ / 不作法です。
(4) 彼は貧しいからといって不幸だということにはならない / 不幸だということにはなりません。
(5) 私は彼女が金持ちだからといって結婚したのではない / 結婚したのではありません。
(6) その人が完璧だからといって恋に落ちるわけではない / 恋に落ちるわけではありません。

ことばと表現 / Words & Expressions
限らない【かぎらない】don't mean, doesn't mean
無作法【ぶさほう】not good manners
不幸【ふこう】unhappy
恋に落ちる【こいにおちる】to fall in love

英語 / えいご / English
(1) Just because you live in Vietnam doesn't mean you can speak Vietnamese.
(2) Just because you've listened to the instructions doesn't mean you can do it right away.
(3) It is not good manners to laugh at someone when he makes mistakes.
(4) Just because he's poor, it doesn't follow that he's unhappy.
(5) I didn't marry her just because she is rich.
(6) You don't fall in love with somebody just because he's perfect.

ひらがな / Hiragana
(1) べとなむに すんでいる からといって べとなむごが はなせるとは かぎらない / かぎりません。
(2) せつめいを きいた からといって、あなたが それを すぐに できるとは かぎらない / かぎりません。

(3) だれかが まちがいをした からといって、それを わらうのは ぶさほうだ / ぶさほうです。
(4) かれは まずしいからといって ふこうだ ということには ならない / ふこうだ ということに はなりません。
(5) わたしは かのじょが かねもち だからといって けっこんした のではない / けっこんした のではありません。
(6) そのひとが かんぺき だからといって こいに おちる わけではない / こいに おちる わけではありません。

ローマ字 / Roman letters

(1) Betonamu ni sunde irukara to itte Betonamu-go ga hanaseru to wa kagiranai/ kagirimasen.
(2) Setsumei o kîtakara to itte, anata ga sore o sugu ni dekiru to wa kagiranai/ kagirimasen.
(3) Darekaga machigai o shitakara to itte, sore o warau no wa busahô da/ busahô desu.
(4) Kare wa mazushîkara to itte fukôda to iu koto ni wa naranai/ fukôda to iu koto ni wa narimasen.
(5) Watashi wa kanojo ga kanemochi dakaratoitte kekkon shita node wanai/ kekkon shita node wa arimasen.
(6) Sono hito ga kanpeki dakaratoitte koi ni ochiru wakede wanai/ koi ni ochiru wakede wa arimasen.

かと思ったら / かと思うと (ka to omottara/ ka to omou to): then again, just when, no sooner than

Meaning:
just when; no sooner than

Formation:
Verb-casual, past + かと思ったら / かと思うと / かと思えば

日本語 / にほんご / Japanese
(1) 空が暗くなったかと思ったら、激しく雨が降り始めた / 降り始めました。
(2) 台風が一つ通り過ぎたかと思ったら、すぐに次の台風が接近する / 接近しています。
(3) 私がその本を読み始めたかと思ったら誰かがドアをノックした / ノックしました。
(4) 私が部屋のドアを閉めたかと思うと、太った猫がドアを開けた / 開けました。
(5) 姉は出かけたかと思うと、すぐ忘れ物を取りに帰ってきた / 帰ってきました。
(6) その音は近所の公園から聞こえているのかと思うと、それはテレビの音だった / 音でした。

ことばと表現 / Words & Expressions
台風【たいふう】typhoon
接近する【せっきんする】to approach

近所【きんじょ】neighborhood

英語 / えいご / English
(1) As soon as the sky turned black, it started raining heavily.
(2) No sooner has one typhoon passed than the next one approaches.
(3) I had hardly begun to read the book before someone knocked at the door.
(4) As soon as I shut the door of the room, a fat cat opened the door.
(5) As soon as my big sister left, she came back to get something she forgot.
(6) Just when I thought I could hear a sound from the neighborhood park, it was the sound of the TV.

ひらがな / Hiragana
(1) そらが　くらくなった　かとおもったら、はげしく　あめが　ふりはじめた　/　ふりはじめました。
(2) たいふうが　ひとつ　とおりすぎた　かとおもったら、すぐに　つぎの　たいふうが　せっきんする　/　せっきんしています。
(3) わたしが　そのほんを　よみはじめた　かとおもったら　だれかが　どあをのっくした　/　のっくしました。
(4) わたしが　へやの　どあを　しめた　かとおもうと、ふとった　ねこが　どあをあけた　/　あけました。

(5) あねは でかけた かとおもうと、すぐ わすれものを とりに かえってきた / かえってきました。
(6) そのおとは きんじょの こうえんから きこえているの かとおもうと、それは てれびの おとだった / おとでした。

ローマ字 / Roman letters

(1) Sora ga kuraku natta ka to omottara, hageshiku ame ga furi hajimeta/ furi hajimemashita.
(2) Taifû ga hitotsu tôrisugita ka to omottara, sugu ni tsugi no taifû ga sekkin suru/ sekkin shite imasu.
(3) Watashi ga sono hon o yomi hajimeta ka to omottara darekaga doa o nokku shita/ nokku shimashita.
(4) Watashi ga heya no doa o shimeta ka to omô to, futotta neko ga doa o aketa/ akemashita.
(5) Ane wa dekaketa ka to omô to, sugu wasuremono o tori ni kaette kita/ kaette kimashita.
(6) Sono oto wa kinjo no kôen kara kikoete iru no ka to omô to, sore wa terebi no otodatta/ otodeshita.

限り (kagiri): as long as, while… is the case

Meaning:
as long as; while… is the case; as far as; while; to the extent; unless

Formation:
Verb-casual, non-past + 限り
Noun + である限り

日本語 / にほんご / Japanese
(1) その噂は私の知る限り本当ではない　／　本当ではありません。
(2) あなたは可能な限り早く、課長に電話をするべきだ　／　電話をするべきです。
(3) すべての言語は話されている限り変化する　／　変化します。
(4) 目がとどく限り、砂以外の何もなかった　／　何もありませんでした。
(5) 夜遅く一人で歩かない限り、この場所はかなり安全だ　／　安全です。
(6) 社会人である限り、自分の行動に責任を持つべきだ　／　持つべきです。

ことばと表現 / Words & Expressions
責任を持つ【せきにんをもつ】to take responsibility

英語 / えいご / English

(1) The rumor is not true as far as I know. [M]#ID=8831

(2) You should call our section chief as soon as possible.

(3) Every language continues to change as long as it is spoken.

(4) As far as the eye could see, there was nothing but sand.

(5) As long as you don't walk alone at night, this place is pretty safe.

(6) As long as you're a member of the society, you must take responsibility for your actions.

ひらがな / Hiragana

(1) そのうわさは　わたしの　しるかぎり　ほんとうではない　/　ほんとうではありません。

(2) あなたは　かのうな　かぎり　はやく、かちょうに　でんわを　するべきだ　/　でんわを　するべきです。

(3) すべての　げんごは　はなされている　かぎり　へんかする　/　へんかします。

(4) めが　とどく　かぎり、すないがいの　なにも　なかった　/　なにも　ありませんでした。

(5) よる　おそく　ひとりで　あるかないかぎり、この　ばしょは　かなり　あんぜんだ　/　あんぜんです。

(6) しゃかいじんである　かぎり、じぶんの　こうどうに　せきにんを　もつ　べきだ　/　もつ　べきです。

ローマ字 / Roman letters

(1) Sono uwasa wa watashi no shiru kagiri hontôde wanai/ hontôde wa arimasen.

(2) Anata wa kanôna kagiri hayaku, kachô ni denwa o surubekida/ denwa o surubekidesu.

(3) Subete no gengo wa hanasa rete iru kagiri henka suru/ henka shimasu.

(4) Me ga todoku kagiri, suna igai no nani mo nakatta/ nani mo arimasendeshita.

(5) Yoru osoku hitori de arukanai kagiri, kono basho wa kanari anzenda/ anzendesu.

(6) Shakai jin dearu kagiri, jibun no kôdô ni sekinin o motsubekida/ motsubekidesu.

気 (ki): feel like

Meaning:
feel like

Formation:
Verb-dictionary form + 気

日本語 / にほんご / Japanese
(1) たまに野良猫と目が合う気がする / 気がします。
(2) 最近、外出をする気がしない / 気がしません。
(3) 今晩、私は料理をする気がしない / 気がしません。
(4) 今日、私はあまり食べる気がしない / 食べる気がしません。
(5) 姉は私の企画に協力する気がなかった / 協力する気がありませんでした。
(6) 私は決まり文句を繰り返す気はなかった / 繰り返す気はありませんでした。

ことばと表現 / Words & Expressions
野良猫【のらねこ】stray cat
目が合う【めがあう】to make eye contact
決まり文句【きまりもんく】bromide

英語 / えいご / English

(1) I have the feeling that I sometimes make eye contact with a stray cat.
(2) These days I don't feel like going out.
(3) I don't feel like cooking tonight.
(4) Today, I do not feel like eating much.
(5) My older sister did not want to cooperate with my project.
(6) I didn't want to repeat the standard bromides.

ひらがな / Hiragana

(1) たまに のらねこと めが あう きがする / きがします。
(2) さいきん、がいしゅつをする きがしない / きがしません。
(3) こんばん、わたしは りょうりを する きがしない / きがしません。
(4) きょう、わたしは あまり たべるきがしない / たべる きがしません。
(5) あねは わたしの きかくに きょうりょくする きがなかった / きょうりょくする きがありませんでした。
(6) わたしは きまりもんくを くりかえす きはなかった / くりかえす きはありませんでした。

ローマ字 / Roman letters

(1) Tamani noraneko to me ga au ki ga suru/ ki ga shimasu.

(2) Saikin, gaishutsu o suru ki ga shinai/ ki ga shimasen.

(3) Konban, watashi wa ryôri o suru ki ga shinai/ ki ga shimasen.

(4) Kyô, watashi wa amari taberu ki ga shinai/ taberu ki ga shimasen.

(5) Ane wa watashi no kikaku ni kyôryoku suru ki ga nakatta/ kyôryoku suru ki ga arimasendeshita.

(6) Watashi wa kimari monku o kurikaesu ki wa nakatta/ kurikaesu ki wa arimasendeshita.

っこない (kkonai): no chance of, ⋯ is definitely not possible

Meaning:
no chance of; ⋯is definitely not possible

Formation:
Verb- ます stem + っこない

Verb-potential stem + っこない

日本語 / にほんご / Japanese
(1) 私はキリンとなんて踊れっこない / 踊れっこありません。
(2) その点は間違いっこない / 間違いっこありません。
(3) わたしはノーベル賞なんてもらえっこない / もらえっこありません。
(4) あのキリンがあなたを傷つけるなんてできっこない / できっこありません。
(5) 私がどんな体験をしたかなんて、あなたにわかりっこない / わかりっこありません。
(6) 将来、何が起こるかなんて、誰にもわかりっこない / わかりっこありません。

ことばと表現 / Words & Expressions
キリン【きりん】giraffe
ノーベル賞【のーべるしょう】Nobel prize
体験をする【たいけんをする】to go through

英語 / えいご / English

(1) I can never dance with a giraffe.

(2) There's no mistaking about that.

(3) I can't possibly get a Nobel prize.

(4) There's no way that that giraffe would dare to try to hurt you.

(5) You will never realize what I went through.

(6) What will happen in the future there is no way anyone could tell.

ひらがな / Hiragana

(1) わたしは きりんとなんて おどれっこない / おどれっこありません。

(2) そのてんは まちがいっこない / まちがいっこありません。

(3) わたしは のーべるしょうなんて もらえっこない / もらえっこありません。

(4) あのきりんが あなたを きずつけるなんて できっこない / できっこありません。

(5) わたしが どんな たいけんを したかなんて、あなたに わかりっこない / わかりっこありません。

(6) しょうらい、なにが おこるかなんて、だれにも わかりっこない / わかりっこありません。

ローマ字 / Roman letters

(1) Watashi wa Kirin to nante odorekkonai/ odore kko arimasen.

(2) Sono ten wa machigaikkonai/ machigaikko arimasen.

(3) Watashi wa nooberu-shô nante morae kkonai/ morae kko arimasen.

(4) Ano Kirin ga anata o kizutsukeru nante dekikkonai/ dekikko arimasen.

(5) Watashi ga don'na taiken o shita ka nante, anata ni wakarikkonai/ wakarikko arimasen.

(6) Shôrai, nani ga okoru ka nante, darenimo wakarikkonai/ wakarikko arimasen.

ことだから (koto dakara): it is exactly because

Meaning:
it is exactly because…

You usually use ことだから to talk about the typical characteristic of someone.

Formation:
Noun + ことだから

日本語 / にほんご / Japanese
(1) 真面目なあの人のことだから、時間どおりにくるに違いない / 違いありません。
(2) 有能な加藤さんのことだから、きっといい仕事をするだろう / いい仕事をするでしょう。
(3) のんきなミナミのことだから、何も心配していないだろう / 心配していないでしょう。
(4) コアラ好きのヨシコのことだから、次の休暇はまたオーストラリアに行くだろう / 行くでしょう。
(5) けちなあの人のことだから、こんな高い会費を払うわけない / 払うわけありません。
(6) あなたのことだからきっと日本語がペラペラに話せるようになると思う / なると思います。

ことばと表現 / Words & Expressions
時間どおりに【じかんどおりに】on time
会費【かいひ】membership fee
ペラペラに【ぺらぺらに】fluently

英語 / えいご / English
(1) Because this guy is serious, no doubt that he will come just on time.
(2) Since Kato is a man of ability, he'll find a good job for sure.
(3) As easy-going as ever, Minami's probably not at all worried about anything.
(4) Yoshiko, who loves Koala, will also go to Australia again on her next vacation.
(5) Since that person's stingy, he won't pay such a high membership fee.
(6) Since it's you, I think you'll surely be able to speak Japanese fluently.

ひらがな / Hiragana
(1) まじめな あのひとの ことだから、じかんどおりに くるに ちがいない / ちがいありません。
(2) ゆうのうな かとうさんの ことだから、きっと いいしごとを するだろう / いいしごとを するでしょう。
(3) のんきな みなみの ことだから、なにも しんぱいして

いないだろう / しんぱいして いないでしょう。
(4) こあらずきの よしこの ことだから、つぎの きゅうか は また おーすとらりあに いくだろう / いくでしょう。
(5) けちな あのひとの ことだから、こんな たかい かいひを はらうわけない / はらうわけありません。
(6) あなたの ことだから きっと にほんごが ぺらぺらに はなせるように なるとおもう / なると おもいます。

ローマ字 / Roman letters

(1) Majimena ano hito no kotodakara, jikandôrini kuru ni chigainai/ chigai arimasen.

(2) Yûnôna Katô-san no kotodakara, kitto î shigoto o surudarô/ î shigoto o surudeshô.

(3) Nonkina Minami no kotodakara, nani mo shinpai shite inaidarô/ shinpai shite inaideshô.

(4) Koara-zuki no Yoshiko no kotodakara,tsugi no kyûka wa mata ôsutoraria ni ikudarô/ ikudeshô.

(5) Kechina ano hito no kotodakara, kon'na takai kaihi o harau wake nai/ harau wake arimasen.

(6) Anata no kotodakara kitto nihongo ga perapera ni hanaseru yô ni naru to omô/ naru to omoimasu.

ことなく (koto naku): without doing something even once

Meaning:
without doing something even once

Formation:
Verb-dictionary form + ことなく

日本語 / にほんご / Japanese
(1) その医者は不満を言うことなく働いた / 働きました。
(2) 私は気づかれることなく彼の後ろを通り過ぎた / 通り過ぎました。
(3) こんどは躊躇することなく、私は彼女のあとを追った / 追いました。
(4) 彼女は何度失敗してもあきらめることなく、研究を続けた / 研究をつづけました。
(5) 彼女は年金に頼ることなく、その仕事に応募することを決心した / 決心しました。
(6) 人々が休む時でさえ、工場の機械は365日休むことなく働いている / 働いています。

ことばと表現 / Words & Expressions
不満を言う【ふまんをいう】to complain
躊躇【ちゅうちょ】hesitation
年金【ねんきん】pension

英語 / えいご / English

(1) The doctor worked without complaining.

(2) I passed behind him without being noticed.

(3) This time I followed her without hesitation.

(4) No matter how many times she failed, she never gave up and continued his research.

(5) Instead of relying on a pension, she resolved to apply for the job.

(6) Even when people rest, factory machines work 365 days a year without resting.

ひらがな / Hiragana

(1) そのいしゃは ふまんを いうことなく はたらいた / はたらきました。

(2) わたしは きづかれることなく かれの うしろを とおりすぎた / とおりりすぎました。

(3) こんどは ちゅうちょすることなく、わたしは かのじょの あとを おった / おいました。

(4) かのじょは なんど しっぱいしても あきらめることなく、けんきゅうを つづけた / けんきゅうを つづけました。

(5) かのじょは ねんきんに たよることなく、そのしごとに おうぼすることを けっしんした / けっしんしました。

(6) ひとびとが やすむときでさえ、こうじょうの きかいは さんびゃくろくじゅうごにち やすむことなく はたらいている / はたらいています。

ローマ字 / Roman letters

(1) Sono isha wa fuman o iu koto naku hataraita/ hatarakimashita.

(2) Watashi wa kizuka reru koto naku kare no ushiro o tôrisugita/ tôrisugimashita.

(3) Kondo wa chûcho suru koto naku, watashi wa kanojo no ato o otta/ oimashita.

(4) Kanojo wa nando shippai shite mo akirameru koto naku, kenkyû o tsuzuketa/ kenkyû o tsuzukemashita.

(5) Kanojo wa nenkin ni tayoru koto naku, sono shigoto ni ôbo suru koto o kesshin shita/ kesshin shimashita.

(6) Hitobito ga yasumu tokide sae, kôjô no kikai wa san byaku roku jû go nichi yasumu koto naku hataraite iru / hataraite imasu.

ことになっている (koto ni natte iru): to be expected to, to be scheduled to

Meaning:
to be expected to; to be scheduled to

Formation:
Verb-dictionary form + ことになっている
Verb- ない form + ことになっている
Noun + ことになっている
い adj + ことになっている

日本語 / にほんご / Japanese
(1) 彼は明日、旅行から帰って来ることになっている / 帰ってくることになっています。
(2) この宿題は月曜日に提出することになっている / 提出することになっています。
(3) 彼女のお母さんは来週大きな手術を受けることになっている / 受けることになっています。
(4) 60点以上が合格ということになっている / 合格ということになっています。
(5) 日本では目上の人には敬語を使うことになっている / 使うことになっています。
(6) この劇場では酒は飲めないことになっている / 飲めないことになっています。

ことばと表現 / Words & Expressions
手術【しゅじゅつ】operation
目上の人【めうえのひと】seniors
敬語【けいご】honorific language
劇場【げきじょう】theater

英語 / えいご / English
(1) He is scheduled to come back from his trip tomorrow.
(2) This assignment is to be handed in on Monday.
(3) Her mother is going to undergo a major operation next week.
(4) A passing grade has been decided to be above 60 points.
(5) In Japan, you are expected to use honorific language with your seniors.
(6) We are not supposed to drink in this theater.

ひらがな / Hiragana
(1) かれはあした、りょこうから かえってくる ことになっている / かえってくる ことになっています。
(2) この しゅくだいは げつようびに ていしゅつする ことになっている / ていしゅつする ことになっています。
(3) かのじょの おかあさんは らいしゅう おおき なしゅじゅつを うけることになっている / うけることになっています。
(4) ろくじゅってんいじょうが ごうかく ということになっている / ごうかくということになっています。

(5) にほんでは めうえのひとには けいごを つかう こと になっている / つかう ことになっています。

(6) このげきじょうでは おさけは のめない ことになっている / のめない ことになっています。

ローマ字 / Roman letters

(1) Kare wa ashita ryokô kara kaette kuru koto ni natte iru/ kaette kuru koto ni natte imasu.

(2) Kono shukudai wa getsuyôbi ni teishutsu suru koto ni natte iru/ teishutsu suru koto ni natte imasu.

(3) Kanojo no okâsan wa raishû ôkina shujutsu o ukeru koto ni natte iru/ ukeru koto ni natte imasu.

(4) Rokujyutten ijô ga gôkaku to iu koto ni natte iru/ gôkaku to iu koto ni natte imasu.

(5) Nihonde wa meue no hito ni wa keigo o tsukau koto ni natte iru/ tsukau koto ni natte imasu.

(6) Kono gekijô dewa sake wa nomenai koto ni natte iru/ nomenai koto ni natte imasu.

ことにはならない (koto niwa naranai): just because… doesn't mean…

Meaning:
just because… doesn't mean…

Formation:
Phrase + ことにはならない

日本語 / にほんご / Japanese
(1) パンダが大好きだからといって、私が中国に行きたいということにはならない / ことにはなりません。
(2) 彼女は貧しいからといって不幸だということにはならない / ことにはなりません。
(3) 彼が絵が好きだからといって絵がうまいということにはならない / ことにはなりません。
(4) 会話上手であることは日本語がうまいということにはならない / ことにはなりません。
(5) 本やインターネットの資料を写しただけではレポートを書いたことにはならない / ことにはなりません。
(6) 一度嫌なことがあったからといって、あきらめなければならないことにはならない / ことにはなりません。

ことばと表現 / Words & Expressions
写す【うつす】to copy

英語 / えいご / English

(1) Just because I love pandas, it doesn't mean that I want to go to China.
(2) Just because she's poor, it doesn't follow that she's unhappy.
(3) Because he likes painting, it does not follow that he paints well.
(4) Being a good conversationalist does not just mean being a good speaker of Japanese.
(5) Just because you copied text from the internet or books doesn't mean that you've written a report.
(6) Just because you've had one bad experience doesn't mean that you have to give up.

ひらがな / Hiragana

(1) ぱんだが だいすき だからといって、わたしが ちゅうごくに いきたい ということにはならない / ことにはなりません。
(2) かのじょは まずしいからといって ふこうだという ことにはならない / ことにはなりません。
(3) かれが えが すきだからといって えが うまいという ことにはならない / ことにはなりません。
(4) かいわじょうずであることは にほんごが うまいという ことにはならない / ことにはなりません。
(5) ほんやいんたーねっとの しりょうを うつしただけでは れぽーとを かいた ことにはならない / ことにはなりません。

(6) いちど いやなことが あったからといって、あきらめなければならない ことにはならない / ことにはなりません。

ローマ字 / Roman letters

(1) Panda ga daisuki dakaratoitte, watashi ga Chûgoku ni ikitai toiu kotoni wa naranai/ kotoni wa narimasen.
(2) Kanojo wa mazushîkara to itte fukôda to iu kotoni wa naranai/ kotoni wa narimasen.
(3) Kare ga e ga suki dakaratoitte e ga umai to iu kotoni wa naranai/ kotoni wa narimasen.
(4) Kaiwa jôzudearu koto wa nihongo ga umai to iu koto ni wa naranai/ kotoni wa narimasen.
(5) Hon ya intânetto no shiryô o utsushita dakede wa repôto o kaita kotoni wa naranai/ kotoni wa narimasen.
(6) Ichido iyana koto ga atta kara to itte, akiramenakereba naranai kotoni wa naranai/ kotoni wa narimasen.

〜ことは〜が、(koto wa~ga) although; but

Meaning:
although; but

Formation:
Verb-casual + ことは + Verb-casual + が
い adj + ことは + (same) い adj + が
な adj + ことは + (same) な adj + が

日本語 / にほんご / Japanese
(1) このレストランの食事はおいしいことはおいしいが、値段が高すぎる。
(2) 家賃が安いことは安いが、交通の便がよくない。
(3) この薬は効くことは効くが、飲むと眠くなってしまう。
(4) 彼女のことは好きなことは好きだが、結婚したいほどではない。
(5) レポートは最後まで書いたことは書いたが、まだ足りない部分がある。

英語 / えいご / English
(1) Although the food in this restaurant is delicious, the prices are too high.
(2) Although the rent is cheap, it's not easily accessible by public transportation.
(3) Although this medicine works, I feel sleepy when I take it.

(4) Although I love her, it's not like I want to marry her.
(5) Although I wrote my report to the end, there are still parts that need to be edited.

ひらがな / Hiragana
(1) このれすとらんの しょくじは おいしいことは おいしいが、ねだんが たかすぎる。
(2) やちんが やすいことは やすいが、こうつうの べんが よくない。
(3) このくすりは きくことは きくが、のむと ねむく なってしまう。
(4) かのじょのことは すきなことは すきだが、けっこん したいほど ではない。
(5) れぽーとは さいどまで かいたことは かいたが、まだ たりない ぶぶんが ある。

ローマ字 / Roman letters
(1) Kono resutoran no syokuji wa oishî koto wa oishî ga, nedan ga takasugiru.
(2) Yachin ga yasui koto wa yasui ga, kôtsû no ben ga yokunai.
(3) Kono kusuri wa kiku koto wa kiku ga, nomu to nemuku natte shimau.
(4) Kanojo no koto wa suki na koto wa suki da ga, kekkon shitai hodo dewanai.
(5) Repôto wa saigo made kaita koto wa kaita ga, mada tarinai bubun ga aru.

まい (mai): won't, intend not to

Meaning:
will not; will probably not; intend not to; must not

Formation:
Verb-dictionary form + まい
Verb- ます form + まい
Verb- ます stem + まい

Exception: する => すまい

日本語 / にほんご / Japanese
(1) 弟にわたしの気持ちはわかるまい。
(2) 新しい駅を建設するのに反対する人はあるまい。
(3) 社長は何も言うまいと決心しているようだ。
(4) あの重要な交渉での私のミスを部長は決して許すまい。
(5) この事件は複雑だから、そう簡単にあなたは解決できまい。
(6) 自動運転技術の普及により、ほとんどの人が車の運転の仕方を学ばなくなる日も遠くあるまい。

ことばと表現 / Words & Expressions
自動運転技術【じどううんてんぎじゅつ】automatic driving technology

英語 / えいご / English

(1) My younger brother won't understand my feelings.

(2) Perhaps no one's against the decision to build a new station.

(3) It seems that the president has determined not to say anything.

(4) The department director never forgives my mistakes in that important negotiation.

(5) This incident is very complicated so, you probably won't be able to solve it that easily

(6) Because of the spread of automatic driving technology, it will not be long before most people don't learn how to drive a car.

ひらがな / Hiragana

(1) おとうとに わたしの きもちは わかるまい。

(2) あたらしい えきを けんせつするのに はんたいする ひとは あるまい。

(3) しゃちょうは なにも いうまい と けっしんしている ようだ。

(4) あの じゅうような こうしょうでの わたしの ミスを ぶちょうは けっして ゆるすまい。

(5) この じけんは ふくざつだから、そう かんたんに あなたは かいけつできまい。

(6) じどううんてんぎじゅつの ふきゅうにより、ほとんどの ひとが くるまの うんてんの しかたを まなばなくなる ひも とおく あるまい。

ローマ字 / Roman letters

(1) Otôto ni watashi no kimochi wa wakarumai.

(2) Atarashî eki o kensetsu suru no ni hantai suru hito wa arumai.

(3) Shachô wa nani mo iumai to kesshin shite iru yôda.

(4) Ano jûyôna kôshô de no watashi no misu o buchô wa kesshite yurusumai.

(5) Kono jiken wa fukuzatsudakara, sô kantan ni anata wa kaiketsu dekimai.

(6) Jidô unten gijutsu no fukyû ni yori, hotondo no hito ga kuruma no unten no shikata o manabanaku naru hi mo tooku arumai.

まったく〜ない (mattaku~nai): not~at all

Meaning:
not… at all

Formation:
まったく + Verb- ない form
まったく + Noun + ではない / がない
まったく + い adj（ーい）+ くない
まったく + な adj + ではない

日本語 / にほんご / Japanese
(1) 祖父はお酒をまったく飲めない / まったく飲めません。
(2) 祖母は日本語での会話はまったくできない / まったくできません。
(3) 私はその結論にまったく不満はない / まったく不満はありません。
(4) その薬はまったく効かなかった / まったく効きませんでした。
(5) あなたには罰則がまったく効いていないようだ / 効いていないようです。
(6) 問題は私たちが自分たちの周りで何が起こっているかをまったく知らないことだ / まったく知らないことです。

ことばと表現 / Words & Expressions
罰則【ばっそく】punishment

英語 / えいご / English

(1) My grandfather can't drink alcohol at all.
(2) My grandmother can't handle conversation in Japanese at all
(3) I have nothing to complain of the conclusion.
(4) The medicine had no effect.
(5) Punishments do not appear to have any effect on you whatsoever.
(6) The point is that we don't know what is happening around us.

ひらがな / Hiragana

(1) そふは おさけを まったく のめない / まったく のめません。
(2) そぼは にほんごでの かいわは まったく できない / まったく できません。
(3) わたしは そのけつろんに まったく ふまんはない / まったく ふまんはありません。
(4) そのくすりは まったく きかなかった / まったく ききませんでした。
(5) あなたには ばっそくが まったく きいていない ようだ / きいていない ようです。
(6) もんだいは わたしたちが じぶんたちのまわりで なにが おこっているかを まったく しらない ことだ / まったく しらない ことです。

ローマ字 / Roman letters

(1) Sofu wa o sake o mattaku nomenai/ mattaku nomemasen.

(2) Sobo wa nihongo deno kaiwa wa mattaku dekinai/ mattaku dekimasen.

(3) Watashi wa sono ketsuron ni mattaku fuman wa nai/ mattaku fuman wa arimasen.

(4) Sono kusuri wa mattaku kikanakatta/ mattaku kikimasendeshita.

(5) Anata ni wa bassoku ga mattaku kîte inai yôda/ kîte inai yôdesu.

(6) Mondai wa watashitachi ga jibun-tachi no mawari de nani ga okotte iru ka o mattaku shiranai kotoda/ mattaku shiranai kotodesu.

も〜ば〜も (mo~ba~mo): …and…

Meaning:
…and…

Formation:
Noun1 + も + Verb- ば + Noun2 + も + Verb
Noun1 + も + Noun なら + Noun2 + も + Noun + だ
Noun1 + も + い adj- ければ + Noun2 + も + い adj
Noun1 + も + な adj- なら + Noun2 + も + な adj + だ

日本語 / にほんご / Japanese
(1) 料理学校の授業では、レシピも学べば料理もする / 料理もします。
(2) あのメキシコ料理屋の食べ物は、値段も安ければ味もいい / 味もいいです。
(3) 姉は歌も上手なら踊りもうまい / 踊りもうまいです。
(4) この革靴は値段も手頃ならデザインも洗練されている / 洗練されています。
(5) あのゴールキーパーは反応も早ければ背もかなり高い / 高いです。
(6) 叔母は空腹も感じなければ、疲れも感じなかった / 感じませんでした。

ことばと表現 / Words & Expressions
革【かわ】leather
洗練されている【せんれんされている】sophisticated

英語 / えいご / English

(1) You can learn the recipe and cook during class at cooking schools.
(2) The food in that Mexican restaurant is cheap and delicious.
(3) My elder sister is good at singing and dancing.
(4) These leather shoes have reasonable price and sophisticated in design.
(5) That goalkeeper is swift to respond and quite tall
(6) My aunt did not feel either hungry or tired.

ひらがな / Hiragana

(1) りょうり がっこうの じゅぎょうでは、れしぴも まなべば りょうりもする / りょうりもします。
(2) あのめきしこりょうりやの たべものは、ねだんも やすければ あじも いい / あじも いいです。
(3) あねは うたも じょうずなら おどりもうまい / おどりも うまいです。
(4) このかわぐつは ねだんもてごろなら でざいんも せんれんされている / せんれんされています。
(5) あのごーるきーぱーは はんのうも はやければ せも かなり たかい / たかいです。
(6) おばは くうふくも かんじなければ、つかれも かんじなかった / かんじませんでした。

ローマ字 / Roman letters

(1) Ryôri gakkô no jugyô dewa, reshipi mo manabeba ryôri mo suru/ ryôri mo shimasu.

(2) Ano Mekishiko ryôri-ya no tabemono wa, nedan mo yasukereba aji mo î / aji mo î desu.

(3) Ane wa uta mo jôzunara odori mo umai/ odori mo umaidesu.

(4) Kono kawagutsu wa nedan mo tegoronara dezain mo senren sa rete iru/ senren sa rete imasu.

(5) Ano gôrukîpâ wa han'nô mo hayakereba se mo kanari takai/ takaidesu.

(6) Oba wa kûfuku mo kanjinakereba, tsukare mo kanjinakatta/ kanjimasendeshita.

もかまわず (mo kamawazu): without worrying about

Meaning:
without caring; without worrying about

Formation:
Verb-casual + もかまわず
Noun + もかまわず

日本語 / にほんご / Japanese
(1) 彼は雨にぬれるのもかまわず歩き続けた　/　歩き続けました。
(2) 彼女は親の心配もかまわず、遅く帰宅した　/　帰宅しました。
(3) 従姉は値段もかまわず、好きな料理をたくさん注文した　/　注文しました。
(4) 従姉は他人の感情もかまわず思っていることを口に出す　/　口に出します。
(5) 男は警官の注意もかまわず、赤信号で道を横断した　/　横断しました。
(6) 彼女は自分の命もかまわず子供を救うため、火の中に飛び込んだ　/　飛び込みました。

ことばと表現 / Words & Expressions
従姉【いとこ】cousin (older female)
横断する【おうだんする】to cross
注意【ちゅうい】warning
の中に飛び込む【のなかにとびこむ】to plunge into

英語 / えいご / English
(1) He continued walking in the rain without worrying about getting wet.
(2) She went home late without caring of her parent's concern.
(3) My cousin (female) ordered a lot of his favorite dishes without caring of the prices.
(4) My cousin says what's on her mind without regard for other people's feelings.
(5) A man crossed the road with a red light without caring of the police officer's warning.
(6) She plunged into the fire to save her child without worrying about her own life.

ひらがな / Hiragana
(1) かれは あめに ぬれるのもかまわず あるき つづけた / あるき つづけました。
(2) かのじょは おやの しんぱいもかまわず、おそく きたくした / きたくしました。

(3) いとこは ねだんもかまわず、すきな りょうりを たくさん ちゅうもんした / ちゅうもんしました。
(4) いとこは たにんの かんじょうもかまわず おもっていることを くちに だす / くちに だします。
(5) おとこは けいかんの ちゅういも かまわず、あかしんごうで みちを おうだんした / おうだんしました。
(6) かのじょは じぶんの いのちも かまわず こどもを すくうため、ひの なかに とびこんだ / とびこみました。

ローマ字 / Roman letters

(1) Kare wa ame ni nureru no mo kamawazu aruki tsudzuketa/ aruki tsudzukemashita.

(2) Kanojo wa oya no shinpai mo kamawazu, osoku kitaku shita/ kitaku shimashita.

(3) Itoko wa nedan mo kamawazu, sukina ryôri o takusan chûmon shita/ chûmon shimashita.

(4) Itoko wa tanin no kanjô mo kamawazu omotte iru koto o kuchinidasu/ kuchi ni dashimasu.

(5) Otoko wa keikan no chûi mo kamawazu, aka shingô de michi o ôdan shita/ ôdan shimashita.

(6) Kanojo wa jibun no inochi mo kamawazu kodomo o sukû tame, hi no naka ni tobikonda/ tobikomimashita.

ものだから (mono dakara): because, the reason is

Meaning:
because; the reason is

Formation:
Verb-casual + ものだから
Noun + なものだから
い adj + ものだから
な adj + なものだから

日本語 / にほんご / Japanese
(1) その鞄がかなり安かったものだから、私はそれを購入した / 購入しました。
(2) 梅雨が近いものだから、私はデパートで傘を買った / 買いました。
(3) メガネを持ってないものだから、全然見えない / 見えません。
(4) あなたが知っていると思ったものだから、私はあなたにそれを知らせなかった / 知らせませんでした。
(5) 私の部下は英語が上手なものだから、他の部署から通訳の仕事を頼まれた / 頼まれました。
(6) 私は日本語能力試験N4を受けるものだから、一生懸命に勉強しなきゃならない / 勉強しなければなりません。

ことばと表現 / Words & Expressions
梅雨【つゆ】rainy season
部署【ぶしょ】department

英語 / えいご / English
(1) Since the bag was pretty cheap, I bought it.
(2) Because the rainy season is coming soon, I bought an umbrella at the department store.
(3) I don't have my glasses. So, I can't see anything.
(4) I thought you had known, so I didn't let you know it.
(5) Because my assistant is good at English, he was asked for an interpreter job by another department.
(6) Because I am taking the JLPT N4, I must study hard.

ひらがな / Hiragana
(1) そのかばんが かなり やすかった ものだから、わたしは それを こうにゅうした / こうにゅうしました。
(2) つゆが ちかい ものだから、わたしは でぱーとで かさを かった / かいました。
(3) めがねを もってない ものだから、ぜんぜん みえない / みえません。
(4) あなたが しっていると おもった ものだから、わたしは あなたに それを しらせなかった / しらせませんでした。

(5) わたしの ぶかは えいごが じょうずなものだから、ほかの ぶしょから つうやくの しごとを たのまれた / たのまれました。

(6) わたしはに ほんごのうりょく しけん えぬ ふぉーを うける ものだから、いっしょうけんめいに べんきょう しなきゃならない / べんきょうしなければなりません。

ローマ字 / Roman letters

(1) Sono kaban ga kanari yasukatta monodakara, watashi wa sore o kônyû shita/ kônyû shimashita.

(2) Tsuyu ga chikai monodakara, watashi wa depâto de kasa o katta/ kaimashita.

(3) Megane o mottenai monodakara, zenzen mienai/ miemasen.

(4) Anata ga shitte iru to omotta monodakara, watashi wa anata ni sore o shirasenakatta/ shirasemasendeshita.

(5) Watashi no buka wa eigo ga jôzuna monodakara, hoka no busho kara tsûyaku no shigoto o tanomareta/ tanoma remashita.

(6) Watashi wa Nihongo nôryoku shiken N 4 o ukeru monodakara, isshôkenmei ni benkyô shinakya naranai/ benkyô shinakereba narimasen.

ものではない (mono dewa nai): shouldn't do something, it's impossible to do something

Meaning:
shouldn't do something; it's impossible to do something

Formation:
Verb-dictionary form + ものではない
Verb-casual, past + ものではない

日本語 / にほんご / Japanese
(1) 彼の説明は、決して満足のいくものではない / 満足のいくものではありません。
(2) 戦争は軽々しくするものではない / するものではありません。
(3) 私たちは消費者を騙すようなことをするものではない / だますようなことをするものではありません。
(4) 外国語は数か月で身につけるものではない / 身につけるものではありません。
(5) 民主主義は食料とかセメントのようには輸出できるものではない / 輸出できるものではありません。
(6) 彼の著書で示されているデータは科学的な観察に基づいたものではない / 基づいたものではありません。

ことばと表現 / Words & Expressions
戦争【せんそう】war
騙す【だます】to deceive
民主主義【みんしゅしゅぎ】democracy
輸出する【ゆしゅつする】export
身につける【みにつける】to master
著書【ちょしょ】book
観察【かんさつ】observation

英語 / えいご / English
(1) His explanation is far from satisfactory.
(2) War isn't something to be done lightly
(3) We shouldn't deceive the consumers.
(4) It's impossible to master a foreign language in a few months.
(5) Democracy is not exportable like food or cement.
(6) The data presented in his book are not based on scientific observations.

ひらがな / Hiragana
(1) かれの せつめいは、けっして まんぞくのいく ものではない / まんぞくのいく ものではありません。
(2) せんそうは かるがるしくする ものではない / する ものではありません。
(3) わたしたちは しょうひしゃを だますようなことをする ものではない / だますようなことをする ものではありません。

(4) がいこくごは すうかげつで みにつける ものではない / みにつける ものではありません。

(5) みんしゅしゅぎは しょくりょうとか せめんとのようには ゆしゅつできる ものではない / ゆしゅつできる ものではありません。

(6) かれの ちょしょで しめされているでーたは かがくてきな かんさつに もとづいたものではない / もとづいた ものではありません。

ローマ字 / Roman letters

(1) Kare no setsumei wa, kesshite manzoku no iku monode wanai/ manzoku no iku monode wa arimasen.

(2) Sensô wa karugarushiku suru monode wanai/ suru monode wa arimasen.

(3) Watashi tachi wa shôhisha o damasu yôna koto o suru monode wanai/ damasu yôna koto o suru monode wa arimasen.

(4) Gaikoku-go wa sû-kagetsu de mi ni tsukeru monode wanai/ mi ni tsukeru monode wa arimasen.

(5) Minshu shugi wa shokuryô toka semento no yô ni wa yushutsu dekiru monode wanai/ yushutsu dekiru monode wa arimasen.

(6) Kare no chosho de shimesa rete iru dêta wa kagakutekina kansatsu ni motodzuita monode wanai/ motodzuita monode wa arimasen.

ものがある (mono ga aru): [sentence-ending expression of strong judgement]

Meaning:
sentence-ending expression of strong judgment, there is such a thing (essence), feels like

Formation:
Verb-dictionary form + ものがある
Adj + ものがある

日本語 / にほんご / Japanese
(1) 後輩の歌には、人の心を動かすものがある / 人の心を動かすものがあります。
(2) 王女には何か磁力のようなものがある / 磁力のようなものがあります。
(3) 物事をするには適切な順序というものがある / 順序というものがあります。
(4) 最近、カンボジアの経済発展には目覚しいものがある / 目覚ましいものがあります。
(5) 抽象的な芸術には理解しにくいものがある / 理解しにくいものがあります。
(6) 私の人生には何か欠けているものがあるような気がする。……猫かな？

ことばと表現 / Words & Expressions
後輩【こうはい】junior (at work or school)
王女【おうじょ】princess
順序【じゅんじょ】order
目覚ましい【めざましい】remarkable
抽象的な【ちゅうしょうてきな】abstract

英語 / えいご / English
(1) The junior (at work or school) has the power to move people with her songs.
(2) The princess has something of a magnetic force.
(3) There is a proper order for doing things
(4) Cambodia's economy has been growing at a remarkable rate lately.
(5) Some abstract art is difficult to understand.
(6) I have a feeling that something is lacking in my life.....maybe a cat?

ひらがな / Hiragana
(1) こうはいの うたには、ひとの こころを うごかす ものがある / ひとの こころを うごかす ものがあります。
(2) おうじょには なにか じりょくのような ものがある / じりょくのような ものがあります。
(3) ものごとを するには てきせつな じゅんじょという

ものがある / じゅんじょという ものがあります。
(4) さいきん、かんぼじあの けいざい はってんには めざましい ものがある / めざましい ものがあります。
(5) ちゅうしょうてきな げいじゅつには りかい しにくい ものがある / りかい しにくい ものがあります。
(6) わたしの じんせいには なにか かけている ものがある ようなきがする。……ねこかな？

ローマ字 / Roman letters

(1) Kôhai no uta ni wa, hito no kokoro o ugokasu mono ga aru/ hito no kokoro o ugokasu mono ga arimasu.

(2) Ôjo ni wa nani ka jiryoku no yôna mono ga aru/ jiryoku no yôna mono ga arimasu.

(3) Monogoto o suru ni wa tekisetsuna junjo to iu mono ga aru/ junjo to iu mono ga arimasu.

(4) Saikin, Kanbojia no keizai hatten ni wa mezamashî mono ga aru/ mezamashî mono ga arimasu.

(5) Chûshôtekina geijutsu ni wa rikai shi nikui mono ga aru/ rikai shi nikui mono ga arimasu.

(6) Watashi no jinsei ni wa nani ka kakete iru mono ga aru yôna ki ga suru.…… Neko ka na?

ものか (mono ka): absolutely not...

Meaning:
absolutely not...

You use ものか to emphasize strong denial or rejection.

Formation:
Verb-dictionary form + ものか / もんか

日本語 / にほんご / Japanese
(1) かまうものか。
(2) 彼女がいつ結婚しようと誰がかまうものか。
(3) 私は二度と恋なんかするもんか。
(4) 私は二度とあの店に行くもんか。あの店のサービスはひどい。
(5) うれしいものか。困っているんだ。
(6) あきらめるものか。私は最後までやり抜きます。

ことばと表現 / Words & Expressions
やり抜く【やりぬく】to persevere

英語 / えいご / English
(1) I don't care.
(2) Who cares when she will marry?

(3) I will never fall in love again.
(4) I will not go to that store again. Its service is horrible.
(5) I'm not at all pleased. I am not in a good situation.
(6) I am absolutely not going to give up. I will persevere to the end.

ひらがな / Hiragana

(1) かまうものか。
(2) かのじょが いつ けっこんしようと だれが かまう ものか。
(3) わたしは にどと こいなんか する もんか。
(4) わたしは にどと あの みせに いく もんか。あのみせの サービスは ひどい。
(5) うれしい ものか。こまっているんだ。
(6) あきらめる ものか。わたしは さいごまで やりぬきます。

ローマ字 / Roman letters

(1) Kamau mono ka.
(2) Kanojo ga itsu kekkon shiyô to dare ga kamau mono ka.
(3) Watashi wa nidoto koi nanka suru mon ka.
(4) Watashi wa nidoto ano mise ni iku mon ka. Ano mise no sâbisu wa hidoi.
(5) Ureshî mono ka. Komatte iru nda.
(6) Akirameru mono ka. Watashi wa saigomade yari nukimasu.

ものなら (mono nara): if one can do something

Meaning:
if one can do something

Formation:
Verb-potential + ものなら

日本語 / にほんご / Japanese
(1) 行けるものなら、私は来週ベルギーに行ってみたい / 行ってみたいです。
(2) 戻れるものなら、私は少年時代に戻ってみたい / 戻ってみたいです。
(3) できるものなら、わたしはベトナム語を現地で習得したい / 習得したいです。
(4) できるものなら、私はあのレストランで最高のメキシコ料理を食べてみたい / 食べてみたいです。
(5) 消せるものなら、私はあの日の記憶を消してしまいたい / 消してしまいたいです。
(6) 姪に秘密を教えようものなら、皆がその秘密をすぐに知ってしまうだろう / 知ってしまうでしょう。

ことばと表現 / Words & Expressions
姪【めい】niece
現地で【げんち・で】locally
最高の【さいこう・の】the best

英語 / えいご / English

(1) If I can go, I'd like to go to Belgium next week.
(2) I want to return to my childhood if I can.
(3) If I can, I would like to learn Vietnamese locally.
(4) If I can, I would like to eat the best Mexican food at that restaurant.
(5) If I could, I would erase the memory of that day.
(6) If you happen to tell your niece a secret, everyone will know your secret in no time.

ひらがな / Hiragana

(1) いけるものなら、わたしは らいしゅう べるぎーに いってみたい / いってみたいです。
(2) もどれるものなら、わたしは しょうねんじだいに もどってみたい / もどってみたいです。
(3) できるものなら、わたしは べとなむごを げんちで しゅうとくしたい / しゅうとくしたいです。
(4) できるものなら、わたしは あのれすとらんで さいこうの めきしこりょうりを たべてみたい / たべてみたいです。
(5) けせるものなら、わたしは あのひの きおくを けしてしまいたい / けしてしまいたいです。
(6) めいに ひみつを おしえようものなら、みんなが その ひみつを すぐに しってしまうだろう / しってしまうでしょう。

ローマ字 / Roman letters

(1) Ikeru mononara, watashi wa raishû berugî ni ittemitai/ ittemitaidesu.

(2) Modoreru mononara, watashi wa shônen jidai ni modotte mitai/ modotte mitaidesu.

(3) Dekiru mononara, watashi wa Betonamu-go o genchi de shûtoku shitai/ shûtoku shitaidesu.

(4) Dekiru mononara, watashi wa ano resutoran de saikô no Mekishiko ryôri o tabete mitai/ tabete mitaidesu.

(5) Keseru mononara, watashi wa ano hi no kioku o keshite shimaitai/ keshite shimaitaidesu.

(6) Mei ni himitsu o oshieyô mononara, mina ga sono himitsu o sugu ni shitte shimaudarô/ shitte shimaudeshô.

ものの (mono no): but, although

Meaning:
but; although; even though

Formation:
Verb-casual + ものの
Noun + であるものの
い adj + ものの
な adj + なものの

日本語 / にほんご / Japanese
(1) 電子レンジを買ったものの、私は使い方がぜんぜんわからない / わかりません。
(2) 彼は真実を述べたものの、誰もそれを信じなかった / 信じませんでした。
(3) あの夫婦は不似合いに見えるものの、実に仲がいい / 仲がいいです。
(4) 料理教室に入会したものの、私は仕事が忙しくてなかなか行けない / 行けません。
(5) ケーキ作りは大丈夫だと言ったものの、私は実は自信がない / 自信がありません。
(6) 高価なアボカドを買ったものの、私が切ってみるとその内側は腐っていることに気づいた / 気づきました。

ことばと表現 / Words & Expressions

電子レンジ【でんし・れんじ】microwave
夫婦【ふうふ】couple
不似合いな【ふにあいな】ill‐matched
高価な【こうか・な】expensive

英語 / えいご / English

(1) I bought a microwave, but I have no idea how to use it.
(2) Although he told the truth, no one believed it.
(3) Although they look an ill‐matched couple, they actually hit it off very well.
(4) Although I joined a cooking class, I'm too busy with my job to go.
(5) Although I said that baking cakes is okay, to tell you the truth I don't have much confidence.
(6) Although I bought an expensive avocado, I noticed that the inside was rotten as I cut it.

ひらがな / Hiragana

(1) でんしれんじを かった ものの、わたしは つかいかたが ぜんぜん わからない / わかりません。
(2) かれは しんじつを のべた ものの、だれも それを しんじなかった / しんじませんでした。
(3) あの ふうふは ふにあいに みえる ものの、じつに なかがいい / なかがいいです。
(4) りょうりきょうしつに にゅうかいした ものの、わた

しは しごとが いそがしくて なかなか いけない / いけません。

(5) けーきづくりは だいじょうぶだと いった ものの、わたしは じつは じしんがない / じしんがありません。

(6) こうかな あぼかどを かった ものの、わたしが きってみると そのうちがわは くさっている ことに きづいた / きづきました。

ローマ字 / Roman letters

(1) Denshi renji o katta mono no, watashi wa tsukaikata ga zenzen wakaranai/ wakarimasen.

(2) Kare wa shinjitsu o nobeta mono no, dare mo sore o shinji nakatta/ shinji masendeshita.

(3) Ano fûfu wa fu niai ni mieru mono no, jitsuni nakagaî/ nakagaî desu.

(4) Ryôri kyôshitsu ni nyûkai shita mono no, watashi wa shigoto ga isogashikute nakanaka ikenai/ ikemasen.

(5) Keiki-zukuri wa daijôbuda to itta mono no, watashi wa jitsuwa jishin ga nai/ jishin ga arimasen.

(6) Kôkana abokado o katta mono no, watashi ga kitte miruto sono uchigawa wa kusatte iru koto ni kidzuita/ kidzukimashita.

もっとも (motto mo): but then, although

Meaning:
but then; although; though

Formation:
もっとも + phrase

日本語 / にほんご / Japanese
(1) 私は最善を尽くします。もっとも、かなり難しい仕事ですが。
(2) 来年こそ香港へ行きたい。もっとも休みが取れたらの話ですが。
(3) 社長は回復するだろう。もっとも私たちが願っているほどすぐではありませんが。
(4) 僕はフクロウたちが大好きだ。もっとも彼らは僕を好きではないかもしれないが。
(5) あなたは必ず日本語を話すことが上手になるだろう。もっとも時間はかかるかもしれませんが。
(6) 私はあなたの本を出版するために努力しています。もっとも、いつそれが実現するかを私は保証できませんが。

ことばと表現 / Words & Expressions
出版する【しゅっぱんする】to publish

英語 / えいご / English

(1) I will do my best, although it is a quite difficult task.
(2) I want to go to Hong Kong next year, although that depends on if I can take some days off or not.
(3) The president will recover, though not as soon as we might hope.
(4) I love the owls, although they may not like me.
(5) You will definitely be a good Japanese speaker, though it may take a long time.
(6) I have been making efforts to publish your book, although I can not guarantee when it will come true.

ひらがな / Hiragana

(1) わたしは　さいぜんを　つくします。もっとも、かなり　むずかしい　しごとですが。
(2) らいねんこそ　ほんこんへ　いきたい。もっとも　やすみが　とれたらの　はなし　ですが。
(3) しゃちょうは　かいふく　するだろう。もっとも　わたしたちが　ねがっている　ほど　すぐでは　ありませんが。
(4) ぼくは　フクロウたちが　だいすきだ。もっとも　かれらは　ぼくを　すきではない　かもしれないが。
(5) あなたは　かならず　にほんごを　はなすことが　じょうずに　なるだろう。もっとも　じかんは　かかるかも　しれませんが。
(6) わたしは　あなたの　ほんを　しゅっぱん　するために　どりょく　しています。もっとも、いつ　それが　じつげんするかを　わたしは　ほしょう　できませんが。

ローマ字 / Roman letters

(1) Watashi wa saizen o tsukushimasu. Mottomo kanari muzukashî shigotodesuga.

(2) Rainen koso Honkon e ikitai. Mottomo yasumi ga toretara no hanashidesuga.

(3) Shachô wa kaifuku surudarô. Mottomo watashitachi ga negatte iru hodo sugude wa arimasenga.

(4) Boku wa fukurô-tachi ga daisukida. Mottomo karera wa boku o sukide wa nai kamo shirenaiga.

(5) Anata wa kanarazu nihongo o hanasu koto ga jôzu ni narudarô. Mottomo jikan wa kakaru kamo shiremasenga.

(6) Watashi wa anata no hon o shuppan suru tame ni doryoku shite imasu. Mottomo, itsu sore ga jitsugen suru ka o watashi wa hoshô dekimasenga.

もう少しで (mou sukoshi de): almost, nearly

Meaning:
almost; nearly, close to

Formation:
もう少しで + Verb-stem + そうだった / そうになった
もう少しで + Verb-dictionary form + ところだった

日本語 / にほんご / Japanese
(1) 私はもう少しで騙されそうだった / 騙されそうでした。
(2) その小学生はもう少しでおぼれそうだった / おぼれそうでした。
(3) 後輩はもう少しで傘を忘れそうになった / 忘れそうになりました。
(4) その女の人はもう少しで笑い出しそうになった / 笑い出しそうになりました。
(5) その老婦人はもう少しでひかれるところだった / ひかれるところでした。
(6) その少年はもう少しで川に落ちるところだった / 川に落ちるところでした。

ことばと表現 / Words & Expressions
女の人【おんなのひと】woman

英語 / えいご / English

(1) I was just about to be fooled.

(2) The elementary school student was nearly drowned.

(3) The junior (at work or school) almost forgot my umbrella.

(4) The woman almost burst out laughing.

(5) The old woman was nearly run over.

(6) The boy almost fell into the river.

ひらがな / Hiragana

(1) わたしは もうすこしで だまされ そうだった / だまされ そうでした。

(2) その しょうがくせいは もうすこしで おぼれ そうだった / おぼれ そうでした。

(3) こうはいは もうすこしで かさを わすれ そうになった / わすれ そうになりました。

(4) その おんなのひとは もうすこしで わらいだし そうになった / わらいだし そうになりました。

(5) その ろうふじんは もうすこしで ひかれる ところだった / ひかれる ところでした。

(6) その しょうねんは もうすこしで かわに おちる ところだった / かわに おちる ところでした。

ローマ字 / Roman letters

(1) Watashi wa môsukoshi de damasa re-sôdatta/ damasa re-sôdeshita.

(2) Sono shôgakusei wa môsukoshi de obore-sôdatta/ obore-sôdeshita.

(3) Kôhai wa môsukoshi de kasa o wasure-sô ni natta/ wasure-sô ni narimashita.

(4) Sono on'nanohito wa môsukoshi de warai dashi-sô ni natta/ warai dashi-sô ni narimashita.

(5) Sono rô fujin wa môsukoshi de hikareru tokorodatta/ hika reru tokorodeshita.

(6) Sono shônen wa môsukoshi de kawa ni ochiru tokorodatta/ kawa ni ochiru tokorodeshita.

むしろ (mushiro): rather, instead

Meaning:
rather; instead; better

Formation:
むしろ + phrase

日本語 / にほんご / Japanese
(1) 私はバスを待つより、むしろ歩きたい / 歩きたいです。
(2) 私は明日より、むしろ今日動物園へ行きたい / 行きたいです。
(3) 私は騙すより、むしろ騙されたい / 騙されたいです。
(4) 私はリベラルより、むしろ保守派だ / 保守派です。
(5) 彼が欲しかったのはお金より、むしろ名声だ / 名声です。
(6) あなたはおじいさんではなく、むしろお父さんに見える / 見えます。

ことばと表現 / Words & Expressions
保守【ほしゅ】conservative
派【は】group, party, faction
名声【めいせい】fame

英語 / えいご / English

(1) I would rather walk than wait for a bus.
(2) I would rather go to the zoo today than tomorrow.
(3) I would rather be deceived than to deceive.
(4) I am not a liberal, but rather I am a conservative.
(5) It is not so much money as fame that he wanted.
(6) You don't look like a grandpa, you rather look like a dad.

ひらがな / Hiragana

(1) わたしは ばすを まつ より、むしろ あるきたい / あるきたいです。
(2) わたしは あしたより、むしろ きょう どうぶつえんへ いきたい / いきたいです。
(3) わたしは だますより、むしろ だまされたい / だまされたいです。
(4) わたしは りべらるより、むしろ ほしゅはだ / ほしゅはです。
(5) かれが ほしかったのは おかねより、むしろ めいせいだ / めいせいです。
(6) あなたは おじいさん ではなく、むしろ おとうさんに みえる / みえます。

ローマ字 / Roman letters

(1) Watashi wa basu o matsu yori, mushiro arukitai/ arukitaidesu.

(2) Watashi wa Ashitayori mushiro kyô Dôbutsu en e ikitai/ ikitaidesu.

(3) Watashi wa damasu yori, mushiro damasa retai/ damasa retaidesu.

(4) Watashi wa riberaru yori, mushiro hoshuhada/ hoshuhadesu.

(5) Kare ga hoshikatta no wa okane yori, mushiro meiseida/ meiseidesu.

(6) Anata wa ojîsande wa naku, mushiro otôsan ni mieru/ miemasu.

中を (naka o): in, on

Meaning:
in; on; in the midst of; when; while

Formation:
Verb-dictionary form + 中を / 中では
Verb-casual, past + 中を / 中では
Noun + の中を / の中では
Adj + 中を / 中では

日本語 / にほんご / Japanese
(1) その小学生は雨の中を1時間も歩いた / 歩きました。
(2) 友達に鞄を売る前に、私はその中を空にする必要がある / 必要があります。
(3) 部屋の中を見たうえでアパートを借りるかどうか決めたい / 決めたいです。
(4) 本日はお忙しい中をお出でいただき、本当にありがとうございます。
(5) 森の中ではあまり鹿を見かけなかった / 見かけませんでした。
(6) 日本の家の中では靴を脱ぐのが普通の習慣だ / 習慣です。

ことばと表現 / Words & Expressions
出でる【いでる】to appear, to come,
見かける【みかける】to see
普通【ふつう】standard

英語 / えいご / English

(1) The elementary school student walked in the rain for an hour.
(2) I need to empty the bag of its contents before I sell it to my friend.
(3) I would like to decide whether or not I rent the apartment after I have had a look inside the rooms.
(4) Thank you so much for coming on such a busy day.
(5) We didn't see many deer in the forest.
(6) It is standard practice to take off your shoes in Japanese houses.

ひらがな / Hiragana

(1) その しょうがくせいは あめの なかを いちじかんも あるいた / あるきました。
(2) ともだちに かばんを うる まえに、わたしは そのなかを からにする ひつようがある / ひつようがあります。
(3) へやの なかを みた うえで アパートを かりるか どうか きめたい / きめたいです。
(4) ほんじつは おいそがしいなかを おいで いただき、ほんとうに ありがとうございます。
(5) もりの なかでは あまり しかを みかけなかった / みかけませんでした。
(6) にほんの いえの なかでは くつを ぬぐのが ふつうの しゅうかんだ / しゅうかんです。

ローマ字 / Roman letters

(1) Sono shôgakusei wa ame no naka o ichi-jikan mo aruita/ arukimashita.

(2) Tomodachi ni kaban o uru mae ni, watashi wa sono naka o kara ni suru hitsuyôga'aru/ hitsuyô ga arimasu.

(3) Heya no naka o mita ue de apâto o kariru ka dô ka kimetai/ kimetaidesu.

(4) Honjitsu wa o isogashî naka o oide itadaki, hontôni arigatôgozaimasu.

(5) Mori no nakade wa amari shika o mikakenakatta/ mikakemasendeshita.

(6) Nihon no ie no nakade wa kutsu o nugu no ga futsû no shûkan da/ shûkan desu.

ないではいられない (nai dewa irarenai): can't help but feel, can't help but do

Meaning:
can't help but feel; can't help but do

Formation:
Verb- ない form + ではいられない

日本語 / にほんご / Japanese
(1) その小説の次の巻を読まないではいられない / 読まないでいられません。
(2) 私は息子の食欲に感心しないではいられない / 感心しないではいられません。
(3) 試験の前だから、勉強しないではいられません / 勉強しないではいられません。
(4) その面白い話を聞いて、笑わないではいられない / 笑わないではいられません。
(5) ダイエットをしているのに、食後には甘いものを食べないではいられない / 食べないではいられません。
(6) 教師たちはその光景に感動しないではいられなかった / 感動しないではいられませんでした。

ことばと表現 / Words & Expressions

巻【かん】volume
感心する【かんしんする】to admire
食後【しょくご】after a meal
光景【こうけい】sight
感動する【かんどうする】to be touched

英語 / えいご / English

(1) I can't help but read the next volume of the novel.
(2) I cannot help admiring my son's appetite.
(3) The test's coming, so I've got to study.
(4) I can't help but laugh after hearing such a funny story.
(5) Even though I'm dieting, I can't help but eat something sweet after a meal.
(6) The teachers could not help being touched by the sight.

ひらがな / Hiragana

(1) その しょうせつの つぎの かんを よまない ではいられない / よまない ではいられません。
(2) わたしは むすこの しょくよくに かんしんしない ではいられない / かんしんしない ではいられません。
(3) しけんの まえだから、べんきょうしない ではいられません / べんきょうしない ではいられません。
(4) その おもしろい はなしを きいて、わらわない では

いられない / わらわない ではいられません。
(5) ダイエットを しているのに、しょくごには あまいものを たべない ではいられない / たべない ではいられません。
(6) きょうしたちは そのこうけいに かんどうしない ではいられなかった / かんどうしない ではいられませんでした。

ローマ字 / Roman letters

(1) Sono shôsetsu no tsugi no kan o yomanaide wa irarenai/ yomanai de iraremasen.
(2) Watashi wa musuko no shokuyoku ni kanshinshinaide wa i rarenai/ kanshinshinai de haira remasen.
(3) Shiken no maedakara, benkyô shinaide wa ira remasen/ benkyô shinaide wa ira remasen.
(4) Sono omoshiroi hanashi o kîte, warawanaide wa i rarenai/ warawanai de wa ira remasen.
(5) Daietto o shite iru no ni, shokugo ni wa amaimono o tabenaide wa i rarenai/ tabenai de wa ira remasen.
(6) Kyôshi-tachi wa sono kôkei ni kandô shinaide wa i rarenakatta/ kandô shinaide wa iraremasendeshita.

なお (nao): [used to add more information to the sentence]

Meaning:
furthermore; in addition

You use なお to add more information to the sentence.

Formation:
なお + phrase

日本語 / にほんご / Japanese
(1) 今度の講演は土曜日です。なお、時間は後ほどお伝えします。
(2) 講演者は小説家の村上春樹氏です。なお、彼は優れた翻訳家でもあります。
(3) 講演時間は90分です。なお、講演の後に質疑応答の時間が15分あります。
(4) この件の説明は以上です。なお、詳細についてはプリントをご覧ください。
(5) 講演チケットをご希望の方はお申し込みください。なお、希望者多数の場合は先着順とさせていただきます。

ことばと表現 / Words & Expressions
優れた【すぐれた】excellent
翻訳家【ほんやくか】translator
詳細【しょうさい】detail
プリント【ぷりんと】handout
先着順【せんちゃくじゅん】on a first come, first served basis

英語 / えいご / English
(1) The lecture next time will be on Saturday. I'll let you know about the exact time later.
(2) The speaker will be a novelist, Mr. Haruki Murakami. In addition, he is also an excellent translator.
(3) The lecture time will be 90 minutes.In addition, we are going to have questions and answers time for 15 minutes after the lecture.
(4) I'm finished explaining this matter. Please look at the handout for details.
(5) Please apply if you want lecture tickets. In case there are too many applicants, the tickets will be given out on a first come, first served basis.

ひらがな / Hiragana

(1) こんどの こうえんは どようびです。なお、じかんは のちほど おつたえします。

(2) こうえんしゃは しょうせつかの むらかみ はるき し です。なお、かれは すぐれた ほんやくか でも あります。

(3) こうえん じかんは きゅうじゅっぷんです。なお、こ うえんの あとに しつぎ おうとうの じかんが じゅうごふ ん あります。

(4) このけんの せつめいは いじょうです。なお、しょう さいについては ぷりんとを ごらんください。

(5) こうえんちけっとを ごきぼうの かたは おもうしこみ ください。なお、きぼうしゃ たすうの ばあいは せんちゃ くじゅんと させて いただきます。

ローマ字 / Roman letters

(1) Kondo no kôen wa doyôbidesu. Nao, jikan wa nochihodo otsutae shimasu.

(2) Kôen-sha wa shôsetsuka no murakami haruki-shidesu. Nao, kare wa sugureta hon'yaku-kade mo arimasu.

(3) Kôen jikan wa kyû juppun desu. Nao, kôen no ato ni shitsugi ôtô no jikan ga ju go fun arimasu.

(4) Kono-ken no setsumei wa ijôdesu. Nao, shôsai ni tsuite wa purinto o goran kudasai.

(5) Kôen chiketto o go kibô no kata wa o môshikomi kudasai. Nao, kibô-sha tasû no bâi wa senchaku-jun to sa sete itadakimasu.

ないことには〜ない (nai koto niwa~nai): unless you do something

Meaning:
unless you do something

Formation:
Verb- ない form + ことには + Verb- ない form
Noun + でないことには + Verb- ない form
い adj（ーい）+ くないことには + Verb- ない form
な adj + でないことには + Verb- ない form

日本語 / にほんご / Japanese
(1) 事実を確認しないことには私は何も言えない / 言えません。
(2) 辛抱しないことには、あなたは何事も成功できない / 成功できません。
(3) 20歳にならないことには日本でお酒は飲めない / 飲めません。
(4) 実際に見ないことには、あなたはこの映画のおもしろさを理解できないだろう / 理解できないでしょう。
(5) もっと早く歩かないことにはあなたは電車に間に合わないだろう / 間に合わないでしょう。
(6) 病院へ見舞いに行かないことには、私は彼の病状は分からない / 病状は分かりません。

ことばと表現 / Words & Expressions
辛抱する【しんぼうする】to persevere
病院へ見舞いに行く【びょういんへみまいにいく】to go to the hospital to visit someone
病状【びょうじょう】medical condition

英語 / えいご / English
(1) Unless I confirm the facts, I can't say anything.
(2) You cannot succeed in anything unless you persevere.
(3) You cannot drink alcohol in Japan unless you're 20 years old.
(4) You won't understand why this movie is interesting unless you actually watch it.
(5) You'll miss the bus unless you walk more quickly.
(6) I won't know his medical condition unless I go to the hospital to visit him.

ひらがな / Hiragana
(1) じじつを かくにんしないことには わたしは なにも いえない / いえません。
(2) しんぼうしないことには、あなたは なにごとも せいこうできない / せいこうできません。
(3) はたちに ならないことには にほんで おさけは のめない / のめません。

(4) じっさいに みないことには、あなたは このえいがの おもしろさを りかいできないだろう / りかいできないでしょう。

(5) もっと はやく あるかないことには あなたは でんしゃに まにあわない だろう / まにあわない でしょう。

(6) びょういんへ みまいに いかないことには、わたしは かれの びょうじょうは わからない / びょうじょうはわかりません。

ローマ字 / Roman letters

(1) Jijitsu o kakunin shinai koto ni wa watashi wa nani mo ienai/ iemasen.

(2) Shinbô shinai koto ni wa, anata wa nanigoto mo seikô dekinai/ seikô dekimasen.

(3) Hatachi ni naranai koto ni wa Nihon de o sake wa nomenai/ nomemasen.

(4) Jissai ni minai koto ni wa, anata wa kono eiga no omoshiro-sa o rikai dekinaidarô/ rikai dekinaideshô.

(5) Motto hayaku arukanai koto ni wa anata wa densha ni maniawanaidarô/ maniawanaideshô.

(6) Byôin e mimai ni ikanai koto ni wa, watashi wa kare no byôjô wa wakaranai/ byôjô wa wakarimasen.

なくはない (naku wa nai): it's not that…, can, may be

Meaning:
it's not that…; can; may be

Formation:
Verb- ない form （ーい）+ くわない / くもない
Noun + がなくはない / がなくもない
い adj（ーい）+ くなくはない / くなくもない
な adj + じゃなくはない / じゃなくもない

日本語 / にほんご / Japanese
(1) 自信がなくはないが、今、私はただちょっと緊張している / 緊張しています。
(2) 食欲がなくはないが、もう少し後で私は食事をしたい / 食事をしたいです。
(3) あの人の性格を考えると、理解できなくはない / 理解できなくはありません。
(4) 息子は野菜を食べなくはないが、あまり好きではない / 好きではありません。
(5) あなたの気持ちは分からなくはないが、ただその行為には賛成できない / 賛成できません。
(6) バレーボールをできなくはないが、私がその試合でチームの勝利に貢献するのは難しいだろう / 難しいでしょう。

ことばと表現 / Words & Expressions
行為【こうい】action
勝利【しょうり】victory

英語 / えいご / English
(1) It's not that I have no confidence, I'm just a little nervous now.
(2) It's not that I do not have an appetite, I would like to have a meal a little later.
(3) Judging from that person's personality, I can somehow understand.
(4) It's not that my son doesn't eat vegetables, he just doesn't like it very much.
(5) It's not that I don't understand how you feel, I just can't agree with that kind of action.
(6) It's not that I cannot play volleyball, it would be difficult for me to contribute to the victory of the team in that game.

ひらがな / Hiragana
(1) じしんが なくはないが、いま、わたしは ただ ちょっと きんちょうしている / きんちょうしています。
(2) しょくよくが なくはないが、もうすこし あとで わたしは しょくじを したい / しょくじを したいです。

(3) あのひとの せいかくを かんがえると、りかいできなくはない / りかいできなくはありません。

(4) むすこは やさいを たべなくはないが、あまり すきではない / すきではありません。

(5) あなたの きもちは わからなくはないが、ただ そのこういには さんせいできない / さんせいできません。

(6) ばれーぼーるを できなくはないが、わたしが そのしあいで ちーむの しょうりに こうけんするのは むずかしいだろう / むずかしいでしょう。

ローマ字 / Roman letters

(1) Jishin ga naku wa naiga, ima, watashi wa tada chotto kinchô shite iru/ kinchô shite imasu.

(2) Shokuyoku ga naku wa naiga, môsukoshi atode watashi wa shokuji o shitai/ shokuji o shitaidesu.

(3) Ano hito no seikaku o kangaeru to, rikai dekinaku wanai/ rikai dekinaku wa arimasen.

(4) Musuko wa yasai o tabenaku wa naiga, amari sukide wanai/ sukide wa arimasen.

(5) Anata no kimochi wa wakaranaku wa naiga, tada sono kôi ni wa sansei dekinai/ sansei dekimasen.

(6) Barêbôru o dekinaku wa naiga, watashi ga sono shiai de chîmu no shôri ni kôken suru no wa muzukashî darô/ muzukashî deshô.

なにも～ない (nani mo~nai): no need to

Meaning:
no need to

Formation:
なにも + negative form of Verb/Adj/Noun

日本語 / にほんご / Japanese
(1) なにも、あなたが恥ずかしがることはない　／　恥ずかしがることはありません。
(2) なにも、あなたが彼女に謝ることはない　／　謝ることはありません。
(3) なにも、私たちが急いで結論を出すことはない　／　結論を出すことはありません。
(4) もし約束があるなら、なにも君がここにとどまっていることはない　／　とどまっていることはありません。
(5) 友達と一緒に行くのだから、なにも君がそんなに心配することはない　／　心配することはりません。
(6) 彼はほんの冗談を言ったのだから、なにも君がそんなに怒ることはない　／　怒ることはありません。

ことばと表現 / Words & Expressions
急いで結論を出す【いそいで　けつろんを　だす】to draw a hasty conclusion

英語 / えいご / English

(1) You have no need to be ashamed.
(2) You have no need to apologize to her.
(3) We have no need to draw a hasty conclusion.
(4) If you have an appointment, there is no need for you to stay here.
(5) Since you'll go there with your friends, you have no need to worry.
(6) Since he was just joking, you have no need to get so angry.

ひらがな / Hiragana

(1) なにも、あなたが　はずかしがる　ことはない　/　はずかしがる　ことはありません。
(2) なにも、あなたが　かのじょに　あやまる　ことはない　/　あやまる　ことはありません。
(3) なにも、わたしたちが　いそいで　けつろんを　だす　ことはない　/　けつろんを　だす　ことはありません。
(4) もし　やくそくが　あるなら、なにも　きみが　ここに　とどまっていることはない　/　とどまっていることはありません。
(5) ともだちと　いっしょに　いくのだから、なにも　きみが　そんなに　しんぱいする　ことはない　/　しんぱいする　ことはりません。
(6) かれは　ほんの　じょうだんを　いったのだから、なにも　きみが　そんなに　おこることはない　/　おこることはありません。

ローマ字 / Roman letters

(1) Nani mo, anata ga hazukashi garu koto wanai/ hazukashi garu koto wa arimasen.

(2) Nani mo, anata ga kanojo ni ayamaru koto wanai/ ayamaru koto wa arimasen.

(3) Nani mo, watashitachi ga isoide ketsuron o dasu koto wanai/ ketsuron o dasu koto wa arimasen.

(4) Moshi yakusoku ga arunara, nani mo kimi ga koko ni todomatte iru koto wanai/ todomatte iru koto wa arimasen.

(5) Tomodachi to issho ni iku nodakara, nani mo kimi ga son'nani shinpai suru koto wanai/ shinpai suru koto warimasen.

(6) Kare wa hon'no jôdan o itta nodakara, nani mo kimi ga son'nani okoru koto wanai/ okoru koto wa arimasen.

ねばならない (neba naranai): have to, must

Meaning:
have to do; must; should

Formation:
Verb- ない form + ねばならない

日本語 / にほんご / Japanese
(1) 今日、私たちはこの情報戦に勝たねばならない / 勝たねばなりません。
(2) 明日、あなたは本部へ行かねばならない / 行かねばなりません。
(3) 私は彼女を非難する前に事実を確かめねばならない / 確かめねばなりません。
(4) あなたはもっと敵についての情報を集めねばならない / 集めねばなりません。
(5) その諜報員は一週間でこの仕事を終えねばならない / 終えねばなりません。
(6) 一つの国を知りたければ．その国の歴史を学ばねばならない / 学ばねばなりません。

ことばと表現 / Words & Expressions
情報戦【じょうほうせん】information warfare
非難する【ひなんする】to blame
敵【てき】enemy
諜報員【ちょうほういん】spy

英語 / えいご / English

(1) We must win today in this information warfare.

(2) You will have to go to the headquarters tomorrow.

(3) I must make sure of the fact before I blame her.

(4) You must gather further information about an enemy.

(5) The spy must finish this work in a week.

(6) If you want to know a nation, you must learn its history.

ひらがな / Hiragana

(1) きょう、わたしたちはこのじょうほうせんにかたねばならない / かたねばなりません。

(2) あした、あなたはほんぶへいかねばならない / いかねばなりません。

(3) わたしはかのじょをひなんするまえにじじつをたしかめねばならない / たしかめねばなりません。

(4) あなたはもっとてきについてのじょうほうをあつめねばならない / あつめねばなりません。

(5) そのちょうほういんはいっしゅうかんでこのしごとをおえねばならない / おえねばなりません。

(6) ひとつのくにをしりたければ．そのくにのれきしをまなばねばならない / まなばねばなりません。

ローマ字 / Roman letters

(1) Kyô, watashi-tachi wa kono jyôhôsen ni kataneba naranai/ kataneba narimasen.

(2) Ashita, anata wa honbu e ikaneba naranai/ ikaneba narimasen.

(3) Watashi wa kanojyo o hinan surumaeni jijitsu o tashikame nebanaranai/ tashikame neba narimasen.

(4) Anata wa motto teki ni tsuite no jyôhô o atsume nebanaranai/ atsume neba narimasen.

(5) Sono chôhô in wa isshyûkan de kono shigoto o oeneba naranai/ oeneba narimasen.

(6) Hitotsu no kuni o shiritakereba. Sono kuni no rekishi o manabaneba naranai/ manabaneba narimasen.

にあたり (ni atari): at the time, on the occasion of

Meaning:
at the time; on the occasion of

Formation:
Verb-dictionary form + にあたって (は)/ にあたり
Noun + にあたって (は)/ にあたり

日本語 / にほんご / Japanese
(1) 友人を選ぶにあたって、いくら注意してもしすぎることはない / しすぎることはありません。
(2) 私たちは決定にあたって、偏見に左右されるべきではない / 左右されるべきではありません。
(3) 先輩は面接にあたって注意すべきことを教えてくれた / 教えてくれました。
(4) アルバイトをするにあたっては、学業や健康に支障をきたさないようにすること / 支障をきたさないようにしなさい。
(5) 私の留学にあたり、父は自分の経験を話してくれた / 話してくれました。
(6) 弁当を作るにあたり、最も重要な点は、食中毒を避けることだ / 避けることです。

ことばと表現 / Words & Expressions
偏見【へんけん】prejudice
左右される【さゆうされる】to be influenced
学業【がくぎょう】study
支障をきたす【ししょうをきたす】to interfere with
弁当【べんとう】lunch box
食中毒【しょくちゅうどく】food poisoning
避ける【さける】to prevent

英語 / えいご / English
(1) You cannot be too careful in choosing your friends.
(2) We should not be influenced in our decisions by our prejudices.
(3) My senior taught me what I should pay attention to during an interview.
(4) If you are going to work part-time, make sure that it does not interfere with your studies or health.
(5) On the occasion of my study abroad, my father told me about his own experience
(6) When you prepare a lunch box, the most important thing is to prevent food poisoning.

ひらがな / Hiragana
(1) ゆうじんを えらぶにあたって、いくら ちゅういしても しすぎることはない / しすぎることは ありません。

(2) わたしたちは けっていにあたって、へんけんに さゆう される べきではない / さゆうされる べきではありません。
(3) せんぱいは めんせつにあたって ちゅういすべきこと を おしえてくれた / おしえてくれました。
(4) あるばいとをするにあたっては、がくぎょうや けん こうに ししょうを きたさないようにすること / ししょう をきたさないようにしなさい。
(5) わたしの りゅうがくにあたり、ちちは じぶんの けい けんを はなしてくれた / はなしてくれました。
(6) べんとうをつくるにあたり、もっとも じゅうようなて んは、しょくちゅうどくを さけることだ / さけることです。

ローマ字 / Roman letters

(1) Yûjin o erabu ni atatte, ikura chûi shite mo shi sugiru koto wanai/ shi sugiru koto wa arimasen.
(2) Watashitachi wa kettei ni atatte, henken ni sayû sa rerubekide wanai/ sayû sa rerubekide wa arimasen.
(3) Senpai wa mensetsu ni atatte chûi subeki koto o oshiete kureta/ oshiete kuremashita.
(4) Arubaito o suru ni atatte wa, gakugyô ya kenkô ni shishô o kitasanai yô ni suru koto/ shishô o kitasanai yô ni shi nasai.
(5) Watashi no ryûgaku ni atari, chichi wa jibun no keiken o hanashite kureta/ hanashite kuremashita.
(6) Bentô o tsukuru ni atari, mottomo jûyôna ten wa, shokuchûdoku o sakeru kotoda/ sakeru kotodesu.

に反して (ni han shite): against, contrary to

Meaning:
against; contrary to; in contrast to

Formation:
Noun + に反して / に反する

日本語 / にほんご / Japanese
(1) 天気予報に反して雨が降り続いている　／　降り続いています。
(2) 予想に反して試験はとてもやさしかった　／　やさしかったです。
(3) 息子は、自分の意志に反して契約書に署名させられた　／　署名させられました。
(4) 彼の返事は私達の期待に反するものだった　／　反するものでした。
(5) 規則に反する行為は重く罰せられる　／　罰せられます。
(6) 姉は手先が器用だ。それに反して、私はとても不器用だ。
(7) アリシアは料理が全然できない。それに反して、彼女は掃除が得意だ。

ことばと表現 / Words & Expressions
重く【おもく】heavily
器用な【きような】be clever with one's hands
不器用な【ぶきような】be clumsy with one's hands

英語 / えいご / English
(1) It's been raining nonstop in contrast to the weather forecast.
(2) Contrary to my expectations, the test was very easy.
(3) My son was made to sign the contract against his will.
(4) His response was contrary to our expectations.
(5) Conduct which is against the regulations shall be heavily punished.
(6) My older sister is very clever with her hands. On the other hand, I am clumsy with my hands.
(7) Alicia can not cook at all. On the contrary, she is good at cleaning.

ひらがな / Hiragana
(1) てんきよほう にはんして あめが ふり つづいている / ふり つづいています。
(2) よそうに はんして しけんは とても やさしかった / やさしかったです。
(3) むすこは、じぶんの いし にはんして けいやくしょに しょめい させられた / しょめい させられました。
(4) かれの へんじは わたしたちの きたいに はんするものだった / はんするものでした。
(5) きそく にはんする こういは おもく ばっせられる / ばっせられます。
(6) あねは てさきが きようだ。それ にはんして、わたしは とても ぶきようだ。

(7) ありしあは　りょうりが　ぜんぜん　できない。それ　にはんして、かのじょは　そうじが　とくいだ。

ローマ字　/ Roman letters

(1) Tenkiyohô ni hanshite ame ga furitsudzuite iru/ furitsudzuite imasu.

(2) Yosô ni hanshite shiken wa totemo yasashikatta/ yasashikattadesu.

(3) Musuko wa, jibun no ishi ni hanshite keiyakusho ni shomei sa se rareta/ shomei sa se raremashita.

(4) Kare no henji wa watashitachi no kitai ni hansuru monodatta/ hansuru monodeshita.

(5) Kisoku ni hansuru kôi wa omoku basse rareru/ basse raremasu.

(6) Ane wa tesaki ga kiyôda. Sore ni hanshite, watashi wa totemo bukiyôda.

(7) Arishia wa ryôri ga zenzen dekinai. Sore ni hanshite, kanojo wa sôji ga tokuida.

にほかならない (ni hoka naranai): nothing but, none other than

Meaning:
nothing but; none other than

(This is an expression of a strong conclusion or decision. It can only be used with nouns.)

Formation:
Noun + にほかならない

日本語 / にほんご / Japanese
(1) それは誤解にほかならない / ほかなりません。
(2) 私たちが今回失敗したのは、準備不足にほかならない / ほかなりません。
(3) 事故が発生した原因は、運転手の前方不注意にほかならない / ほかなりません。
(4) ここでやめるのは敗北を認めることにほかならない / ほかなりません。
(5) これこそ私が読みたいと思っていた小説にほかならない / ほかなりません。
(6) この仕事が成功したのは皆さんのご協力の結果にほかならない / ほかなりません。

ことばと表現 / Words & Expressions

前方不注意【ぜんぽうふちゅうい】not paying attention ahead
敗北【はいぼく】defeat

英語 / えいご / English

(1) That's none other than a misunderstanding.
(2) We failed this time precisely because of the lack of preparation.
(3) The only reason why the accident occurred is precisely because the driver did not paying attention ahead.
(4) To quit now only means that we have conceded defeat.
(5) This is the very novel that I have been longing to read.
(6) Success in this job is the result of everybody's cooperation.

ひらがな / Hiragana

(1) それは ごかい にほかならない / ほかなりません。
(2) わたしたちが こんかい しっぱいしたのは、じゅんびぶそく にほかならない / ほかなりません。
(3) じこが はっせいした げんいんは、うんてんしゅの ぜんぽうふちゅうい にほかならない / ほかなりません。
(4) ここで やめるのは はいぼくを みとめる ことにほかならない / ほかなりません。

(5) これこそ わたしが よみたいと おもっていた しょうせつにほかならない / ほかなりません。

(6) この しごとが せいこうしたのは みなさんの ごきょうりょくの けっかにほかならない / ほかなりません。

ローマ字 / Roman letters

(1) Sore wa gokai ni hokanaranai/ hokanarimasen.

(2) Watashitachi ga konkai shippai shita no wa, junbi busoku ni hokanaranai/ hokanarimasen.

(3) Jiko ga hassei shita gen'in wa, untenshu no zenpô fuchûi ni hokanaranai/ hokanarimasen.

(4) Koko de yameru no wa haiboku o mitomeru koto ni hokanaranai/ hokanarimasen.

(5) Kore koso watashi ga yomitai to omotte ita shôsetsu ni hokanaranai/ hokanarimasen.

(6) Kono shigoto ga seikô shita no wa minasan no go kyôryoku no kekka ni hokanaranai/ hokanarimasen.

に限って (ni kagitte): only, particularly when

Meaning:
(particularly) when…; only

Formation:
Noun + に限って

日本語 / にほんご / Japanese
(1) 彼に限って、けっして嘘はつかない / 嘘はつきません。
(2) その問題に限って、私は分からない / 分かりません。
(3) その日に限って彼は欠席だった / 欠席でした。
(4) その日に限って子供たちは城に入ることを許される / 許されます。
(5) 急いでいる時に限ってバスが遅れる / 遅れます。
(6) 毎週水曜日に限って、映画のチケットが半額になる / 半額になります。

ことばと表現 / Words & Expressions
城【しろ】castle
半額【はんがく】half price

英語 / えいご / English

(1) He's the only one who never tells lies.

(2) That's the only question I don't understand.

(3) He was absent on that particular day.

(4) The castle allows children in only on that day.

(5) Our bus comes late particularly when we are in a hurry.

(6) We offer half-price movie tickets on Wednesday only.

ひらがな / Hiragana

(1) かれにかぎって、けっして うそは つかない / うそは つきません。

(2) その もんだいにかぎって、わたしは わからない / わかりません。

(3) その ひにかぎって かれは けっせきだった / けっせき でした。

(4) その ひにかぎって こどもたちは しろに はいること を ゆるされる / ゆるされます。

(5) いそいでいる ときにかぎって ばすが おくれる / おくれます。

(6) まいしゅう すいようびにかぎって、えいがのちけっ とが はんがくになる / はんがくになります。

ローマ字 / Roman letters

(1) Kare ni kagitte, kesshite uso wa tsukanai/ uso wa tsukimasen.

(2) Sono mondai ni kagitte, watashi wa wakaranai/ wakarimasen.

(3) Sonohi ni kagitte kare wa kessekidatta/ kessekideshita.

(4) Sonohi ni kagitte kodomo-tachi wa shiro ni hairu koto o yurusareru/ yurusa remasu.

(5) Isoide iru toki ni kagitte basu ga okureru/ okuremasu.

(6) Maishû suiyôbi ni kagitte, eiga no chiketto ga hangaku ni naru/ hangaku ni narimasu.

に限らず (ni kagirazu): not just, not only… but also

Meaning:
not just; not only… but also

Formation:
Noun + に限らず

日本語 / にほんご / Japanese
(1) あなたは彼に限らず誰に対しても親切だ / 親切です。
(2) 来年、私は仕事に限らず、日本語の勉強もがんばる / がんばります。
(3) フクロウは男性に限らず女性にも人気がある / 人気があります。
(4) ディズニーランドは子供に限らず大人にも人気がある / 人気があります。
(5) この大学は日本に限らず、世界各国からの学生を受け入れている / 受け入れています。
(6) 現金に限らず、クレジットカードでの購入を受け付ける / 受け付けます。

ことばと表現 / Words & Expressions
現金【げんきん】cash

英語 / えいご / English

(1) You are kind not only to him but to everyone.
(2) I'll do my best not only at work but also with Japanese study next year.
(3) Owls are not only popular among men but also among women.
(4) Disneyland is popular not only with children but also with adults.
(5) This university accepts students from all over the world, not just Japan.
(6) For the purchase charge, purchase not only by cash but also by a credit card is received.

ひらがな / Hiragana

(1) あなたは かれにかぎらず だれにたいしても しんせつだ / しんせつです。
(2) らいねん、わたしは しごとにかぎらず、にほんごの べんきょうも がんばる / がんばります。
(3) ふくろうは だんせいにかぎらず じょせいにも にんきがある / にんきがあります。
(4) でぃずにーらんどは こどもにかぎらず おとなにも にんきがある / にんきがあります。
(5) このだいがくは にほんにかぎらず、せかいかっこくからの がくせいを うけいれている / うけいれています。

(6) げんきんにかぎらず、くれじっとかーどでの こうにゅうを うけつける / うけつけます。

ローマ字 / Roman letters

(1) Anata wa kare ni kagirazu dare ni taishite mo shinsetsuda/ shinsetsudesu.

(2) Rainen, watashi wa shigoto ni kagirazu, nihongo no benkyô mo ganbaru/ ganbarimasu.

(3) Fukurô wa dansei ni kagirazu josei ni mo ninki ga aru/ ninki ga arimasu.

(4) Dizunîrando wa kodomo ni kagirazu otona ni mo ninki ga aru/ ninki ga arimasu.

(5) Kono daigaku wa Nihon ni kagirazu, sekaikakukoku kara no gakusei o ukeirete iru/ ukeirete imasu.

(6) Genkin ni kagirazu, kurejittokâdo de no kônyû o uketsukeru/ uketsukemasu.

に限る (ni kagiru): nothing better than, there's nothing like

Meaning:
nothing better than; there's nothing like

Formation:
Verb-dictionary form + に限る
Verb- ない form + に限る
Noun + に限る

日本語 / にほんご / Japanese
(1) 夏の暑い日は冷たいビールに限る / ビールに限ります。
(2) 疲れたときはお風呂に入るに限る / お風呂に入るに限ります。
(3) 風邪には寝ているに限る / 寝ているに限ります。
(4) 調子が悪いときは、ゆっくり休むに限ります / ゆっくり休むに限ります。
(5) あのような人は敬遠するに限る / 敬遠するに限ります。
(6) 日本語の作文に上達するには日本語で日記をつけるに限る / 日記をつけるに限ります。

ことばと表現 / Words & Expressions
〜を敬遠する【をけいえんする】to keep someone at a distance
上達する【じょうたつする】to master

英語 / えいご / English

(1) There's nothing like a glass of cold beer on a hot summer's day.
(2) When you're tired, the best thing to do is take a bath.
(3) Staying in bed is the best remedy for a cold.
(4) When you don't feel well, having some rest is the best option.
(5) It is best to keep such men at a distance.
(6) The best way to master Japanese composition is to keep a diary in Japanese.

ひらがな / Hiragana

(1) なつの あついひは つめたい びーるにかぎる / びーるにかぎります。
(2) つかれた ときは おふろに はいるにかぎる / おふろに はいるにかぎります。
(3) かぜには ねているにかぎる / ねているにかぎります。
(4) ちょうしが わるい ときは、ゆっくり やすむにかぎります / ゆっくり やすむにかぎります。
(5) あのような ひとは けいえんするにかぎる / けいえんするにかぎります。
(6) にほんごの さくぶんに じょうたつするには にほんごで にっきをつけるにかぎる / にっきを つけるにかぎります。

ローマ字 / Roman letters

(1) Natsu no atsui hi wa tsumetai bîru ni kagiru/ bîru ni kagirimasu.

(2) Tsukareta toki wa ofuroni hairu ni kagiru/ ofuroni hairu ni kagirimasu.

(3) Kaze ni wa nete iru ni kagiru/ nete iru ni kagirimasu.

(4) Chôshi ga warui toki wa, yukkuri yasumu ni kagirimasu/ yukkuri yasumu ni kagirimasu.

(5) Ano yôna hito wa keien suru ni kagiru/ keien suru ni kagirimasu.

(6) Nihongo no sakubun ni jôtatsu suru ni wa nihongo de nikki o tsukeru ni kagiru/ nikki o tsukeru ni kagirimasu.

にかかわる (ni kakawaru): to relate to, to have to do with

Meaning:
to relate to; to have to do with

Formation:
Noun + にかかわる / にかかわって / にかかわり

日本語 / にほんご / Japanese
(1) ああいう行動はあなたの名誉にかかわる / 名誉にかかわります。
(2) それは生死にかかわる問題だ / 生死にかかわる問題です。
(3) これは国家の安全保障にかかわる問題だ / 安全保障にかかかわる問題です。
(4) これは国民の生活にかかわる大切な問題だ / 大切な問題です。
(5) 生死にかかわるような病気ではない / 病気ではありません。
(6)「イクメン」とは育児に積極的にかかわる父親のことだ / 父親のことです。

ことばと表現 / Words & Expressions
名誉【めいよ】honour
生死【せいし】life and death
安全保障【あんぜんほしょう】security
育児【いくじ】child rearing

英語 / えいご / English
(1) That kind of behavior affects your honor.
(2) It is a matter of life and death.
(3) This is an issue of national security.
(4) This is an important problem that involves people's lives
(5) The illness is not a matter of life or death.
(6) "Ikumen" are fathers who play an active role in child rearing.

ひらがな / Hiragana
(1) ああいう こうどうは あなたの めいよにかかわる / めいよにかかわります。
(2) それは せいしにかかわる もんだいだ / せいしにかかわる もんだいです。
(3) これは こっかの あんぜんほしょうにかかわる もんだいだ / あんぜんほしょうにかかわる もんだいです。
(4) これは こくみんの せいかつにかかわる たいせつな もんだいだ / たいせつな もんだいです。

(5) せいしにかかわる ような びょうき ではない / びょうき ではありません。
(6) 「イクメン」とは いくじに せっきょくてきにかかわる ちちおやの ことだ / ちちおやのことです。

ローマ字 / Roman letters

(1) Â iu kôdô wa anata no meiyo ni kakawaru/ meiyo ni kakawarimasu.
(2) Sore wa seishi ni kakawaru mondaida/ seishi ni kakawaru mondaidesu.
(3) Kore wa kokka no anzen hoshô ni kakawaru mondaida/ anzen hoshô ni ka kakawaru mondaidesu.
(4) Kore wa kokumin no seikatsu ni kakawaru taisetsuna mondaida/ taisetsuna mondaidesu.
(5) Seishi ni kakawaru yôna byôkide wanai/ byôkide wa arimasen.
(6) `Ikumen' to wa ikuji ni sekkyokutekini kakawaru chichioya no kotoda/ chichioya no kotodesu.

にかかわらず (ni kakawarazu): regardless of

Meaning:
regardless of

Formation:
Verb-dictionary form + にかかわらず
Noun + にかかわらず
Adj + にかかわらず

日本語 / にほんご / Japanese
(1) 明日、私は天候にかかわらず、そこに行く / そこに行きます。
(2) 兄は病気にかかわらず会議に出席した / 出席しました。
(3) 審査の結果にかかわらず結果を連絡する / 結果を連絡します。
(4) 忙しいにかかわらずメールをありがとう / ありがとうございます。
(5) 交通渋滞にかかわらず妹は定刻にここに着いた / 着きました。
(6) 言葉の壁にかかわらず、私たちはすぐに友達になった / 友達になりました。

ことばと表現 / Words & Expressions
天候【てんこう】weather
審査【しんさ】evaluation
定刻に【ていこくに】on time

言葉の壁【ことばのかべ】language difficulty（language wall）

英語 / えいご / English
(1) I will go there tomorrow regardless of the weather.
(2) My older brother attended the meeting in spite of illness.
(3) We will inform you the evaluation result, whatever it turns out to be.
(4) Thank you for sending me the email despite you being busy.
(5) Despite the traffic jam, my younger sister arrived here on time.
(6) In spite of the language difficulty, we soon become friends.

ひらがな / Hiragana
(1) あした、わたしは てんこうにかかわらず、そこに いく / そこに いきます。
(2) あには びょうきに かかわらず かいぎに しゅっせきした / しゅっせきしました。
(3) しんさの けっかに かかわらず けっかを れんらくする / けっかを れんらくします。
(4) いそがしいに かかわらず めーるを ありがとう / ありがとうございます。

(5) こうつう じゅうたいにかかわらず いもうとは ていこくに ここについた / つきました。

(6) ことばの かべにかかわらず、わたしたちは すぐに ともだちになった / ともだちに なりました。

ローマ字 / Roman letters

(1) Ashita, watashi wa tenkô ni kakawarazu, soko ni iku/ soko ni ikimasu.

(2) Ani wa byôki ni kakawarazu kaigi ni shusseki shita/ shusseki shimashita.

(3) Shinsa no kekka ni kakawarazu kekka o renraku suru/ kekka o renraku shimasu.

(4) Isogashî ni kakawarazu mêru o arigatô/ arigatôgozaimasu.

(5) Kôtsû jûtai ni kakawarazu imôto wa teikoku ni koko ni tsuita/ tsukimashita.

(6) Kotoba no kabe ni kakawarazu, watashitachi wa sugu ni tomodachi ni natta/ tomodachi ni narimashita.

に決まっている (ni kimatte iru): I'm sure that…

Meaning:
surely, must be, I'm sure/certain that; …must be the case;

Formation:
Verb-casual + に決まっている
Noun + に決まっている
い adj + に決まっている
な adj + に決まっている

日本語 / にほんご / Japanese
(1) 私たちは勝つに決まっている / 決まっています。
(2) 弟はノーと言うに決まっている / 決まっています。
(3) あの女性は成功するに決まっている / 決まっています。
(4) そんな計画は失敗するに決まっている / 決まっています。
(5) 同じ値段なら、質がいい製品がたくさん売れるに決まっている / 決まっています。
(6) 奨学金で留学することにあなたの両親は賛成するに決まっている / 決まっています。

ことばと表現 / Words & Expressions
奨学金【しょうがくきん】scholarship
賛成する【さんせいする】to agree

英語 / えいご / English

(1) We ought to win.

(2) My younger brother is certain to say no.

(3) That lady is sure to succeed.

(4) Such a plan is bound to fail.

(5) If the price is the same, the product with better quality will sell more for sure.

(6) I'm certain your parents will agree that you study abroad with a scholarship.

ひらがな / Hiragana

(1) わたしたちは かつに きまっている / きまっています。

(2) おとうとは のーと いうに きまっている / きまっています。

(3) あの じょせいは せいこうするに きまっている / きまっています。

(4) そんな けいかくは しっぱいするに きまっている / きまっています。

(5) おなじ ねだんなら、しつがいい せいひんが たくさん うれるに きまっている / きまっています。

(6) しょうがくきんで りゅうがくすることに あなたの りょうしんは さんせいするに きまっている / きまっています。

ローマ字 / Roman letters

(1) Watashitachi wa katsu ni kimatte iru/ kimatte imasu.

(2) Otôto wa noo to iu ni kimatte iru/ kimatte imasu.

(3) Ano josei wa seikô suru ni kimatte iru/ kimatte imasu.

(4) Son'na keikaku wa shippai suru ni kimatte iru/ kimatte imasu.

(5) Onaji nedan'nara, shitsu ga î seihin ga takusan ureru ni kimatte iru/ kimatte imasu.

(6) Shôgakukin de ryûgaku suru koto ni anata no ryôshin wa sansei suru ni kimatte iru/ kimatte imasu.

に越したことはない (ni koshita koto wa nai): it's best that, there's nothing better than

Meaning:
it's best that, there's nothing better than

Formation:
Verb-casual, non-past + に越したことはない
い adjective + に越したことはない
Noun + に越したことはない

日本語 / にほんご / Japanese
(1) 旅行当日、注意するに越したことはない / 注意するに越したことはありません。
(2) 試験当日、試験会場に早く到着するに越したことはない / 到着するに越したことはありません。
(3) 祭りの当日、電車に早く乗るに越したことはない / 乗るに越したことはありません。
(4) 留学するなら、奨学金を取得できるに越したことはない / 取得できるに越したことはありません。
(5) 健康のため運動するに越したことはないが、習慣化するのが難しい / 難しいです。
(6) 申請書を早く提出するに越したことはないけれど、金曜日までに提出しなければならない / 提出しなければなりません。

ことばと表現 / Words & Expressions
旅行当日【りょこう・とうじつ】on the day of the trip
習慣化する【しゅうかんか・する】to make a habit

英語 / えいご / English
(1) You can't be too careful on the day of the trip.
(2) It's best to arrive at the examination site as early as possible on the day of the exam.
(3) It's best to get on the train early on the day of the festival.
(4) If you study abroad, it is best to get a scholarship.
(5) Though there is nothing better to exercise for health, it is difficult to make a habit of that.
(6) There is nothing better to submit an application form earlier, but you must submit it by Friday.

ひらがな / Hiragana
(1) りょこう とうじつ、ちゅうい するにこしたことはない / ちゅういするにこしたことはありません。
(2) しけん とうじつ、しけん かいじょうに はやく とうちゃくするにこしたことはない / とうちゃくするにこしたことはありません。
(3) まつりの とうじつ、でんしゃに はやく のるにこしたことはない / のるにこしたことはありません。

(4) りゅうがく するなら、しょうがくきんを しゅとくできるにこしたことはない / しゅとくできるにこしたことはありません。

(5) けんこうのため うんどうするにこしたことはないが、しゅうかんか するのが むずかしい / むずかしいです。

(6) しんせいしょを はやく ていしゅつするにこしたことはない けれど、きんようびまでに ていしゅつ しなければならない / ていしゅつ しなければなりません。

ローマ字 / Roman letters

(1) Ryokô tôjitsu, chûi suru ni koshitakotowa nai/ chûi suru ni koshita koto wa arimasen.

(2) Shiken tôjitsu, shiken kaijô ni hayaku tôchaku suru ni koshitakotowa nai/ tôchaku suru ni koshitakotowa arimasen.

(3) Matsuri no tôjitsu, densha ni hayaku noru ni koshitakotowa nai/ noru ni koshita koto wa arimasen.

(4) Ryûgaku surunara, shôgakukin o shutoku dekiru ni koshitakotowa nai/ shutoku dekiru ni koshita koto wa arimasen.

(5) Kenkô no tame undô suruni koshitakotowa nai ga, shûkan-ka suru no ga muzukashî/ muzukashî desu.

(6) Shinsei-sho o hayaku teishutsu suruni koshitakotowa nai keredo, kin'yôbi made ni teishutsu shinakereba naranai/ teishutsu shinakereba narimasen.

に応えて (ni kotaete): in response to

Meaning:
in response to

Formation:
Noun + に応えて / に応える / に応え

日本語 / にほんご / Japanese
(1) 両親の期待に応えて、わたしはフランスに留学した / 留学しました。
(2) 私の要望に応えて、父はお昼ご飯にラーメンを作った / 作りました。
(3) 学生の要望に応えて、来月から図書館は夜10時まで開けられる / 開けられます。
(4) 先生の期待に応えて、必死でピアノの練習をしている / 練習をしています。
(5) 市民の希望に応えて、来年、あそこに病院が作られる / 病院が作られます。
(6) 消費者のニーズに応えて、わが社は新製品を開発した / 開発しました。

ことばと表現 / Words & Expressions
必死で【ひっしで】really hard
わが社【わがしゃ】our company
新製品【しんせいひん】new product

英語 / えいご / English

(1) In response to my parents' expectation, I went to France to study.
(2) In response to my request, my father made ramen for lunch.
(3) In response to students wishes, the library will be opened at until night 10 o clock from next month.
(4) In response to my teacher's expectation, I've been practicing piano really hard.
(5) In response to the public's wish, a hospital will be built there next year.
(6) In response to consumer demand, our company has developed a new product.

ひらがな / Hiragana

(1) りょうしんの きたいにこたえて、わたしは ふらんすに りゅうがくした / りゅうがくしました。
(2) わたしの ようぼうにこたえて、ちちは おひるごはんに らーめんを つくった / つくりました。
(3) がくせいの ようぼうにこたえて、らいげつから としょかんは よるじゅうじまで あけられる / あけられます。
(4) せんせいの きたいにこたえて、ひっしで ぴあのの れんしゅうを している / れんしゅうを しています。

(5) しみんの きぼうに こたえて、らいねん、あそこに びょういんが つくられる / びょういんが つくられます。

(6) しょうひしゃの にーずにこたえて、わがしゃは しんせいひんを かいはつした / かいはつしました。

ローマ字 / Roman letters

(1) Ryôshin no kitai ni kotaete, watashi wa Furansu ni ryûgaku shita/ ryûgaku shimashita.

(2) Watashi no yôbô ni kotaete, chichi wa ohiru gohan ni râmen o tsukutta/ tsukurimashita.

(3) Gakusei no yôbô ni kotaete, raigetsu kara toshokan wa yoru jû-ji made ake rareru/ ake raremasu.

(4) Sensei no kitai ni kotaete, hisshide piano no renshû o shite iru/ renshû o shite imasu.

(5) Shimin no kibô ni kotaete, rainen, asoko ni byôin ga tsukurareru/ byôin ga tsukura remasu.

(6) Shôhisha no nîzu ni kotaete, waga sha wa shinseihin o kaihatsu shita/ kaihatsu shimashita.

に加えて (ni kuwaete): in addition to

Meaning:
in addition to

Formation:
Noun + に加えて

日本語 / にほんご / Japanese
(1) 会員たちは雨に加えて激しい風を経験した / 経験しました。
(2) 私の家のメイドさんは小説や詩に加えてエッセイを書く / エッセイを書きます。
(3) 彼女は知性に加えて根気もある / 根気もあります。
(4) のどの痛みに加えて、熱もあるので会社を休むしかない / 休むしかありません。
(5) 急行に乗るには、普通乗車券に加えて急行券を買う必要がある / 必要があります。
(6) 私は大学で日本語に加えてアニメーションも学ぶつもりだ / 学ぶつもりです。

ことばと表現 / Words & Expressions
激しい風【はげしいかぜ】heavy winds
知性【ちせい】intelligence
根気【こんき】perseverance

普通乗車券【ふつうじょうしゃけん】ordinary ticket
急行券【きゅうこうけん】express ticket

英語 / えいご / English
(1) Besides the rain, members experienced heavy winds.
(2) The maid of my house writes essays in addition to novels and poetry.
(3) She has intelligence plus perseverance,
(4) In addition to a soaring throat, I also have a fever so I have no choice but to take a day off work.
(5) To take an express train, we have to get an express ticket in addition to an ordinary ticket.
(6) I plan to study animation in addition to Japanese at a university.

ひらがな / Hiragana
(1) かいいんたちは あめに くわえて はげしい かぜを けいけんした / けいけんしました。
(2) わたしの いえの めいどさんは しょうせつや しに くわえて えっせいをかく / えっせいをかきます。
(3) かのじょは ちせいにくわえて こんきもある / こんきもあります。
(4) のどの いたみにくわえて、ねつも あるので かいしゃを やすむしかない / やすむしかありません。

(5) きゅうこうにのるには、ふつう じょうしゃけんにくわえて きゅうこうけんを かう ひつようがある / ひつようがあります。

(6) わたしは だいがくで にほんごにくわえて あにめーしょんも まなぶつもりだ / まなぶつもりです。

ローマ字 / Roman letters

(1) Kaîn-tachi wa ame ni kuwaete hageshî kaze o keiken shita/ keiken shimashita.

(2) Watashi no ie no meido san wa shôsetsu ya shi ni kuwaete essei o kaku/ essei o kakimasu.

(3) Kanojo wa chisei ni kuwaete konki mo aru/ konki mo arimasu.

(4) Nodono itami ni kuwaete, netsu mo aru node kaisha o yasumu shika nai/ yasumu shika arimasen.

(5) Kyûkô ni noru ni wa, futsû jôsha-ken ni kuwaete kyûkô-ken o kau hitsuyô ga aru/ hitsuyô ga arimasu.

(6) Watashi wa daigaku de nihongo ni kuwaete animêshon mo manabu tsumorida/ manabu tsumoridesu.

に基づいて (ni motozuite): based on

Meaning:
based on; on the basis of

Formation:
Noun + に基づいて / に基づき

日本語 / にほんご / Japanese
(1) この映画は実話に基づいている / 基づいています。
(2) ひらがな、かたかなの形は漢字に基づいている / 基づいています。
(3) 科学は非常に綿密な観察に基づいている / 基づいています。
(4) 彼の議論は誤った前提に基づいている / 基づいています。
(5) 彼は経験に基づいて雇われた / 雇われました。
(6) うわさだけに基づいて人の評価をしてはならない / 評価をしてはなりません。

ことばと表現 / Words & Expressions
実話【じつわ】true story
形【かたち】shape
綿密な【めんみつな】very careful
誤った【あやまった】false
前提【ぜんてい】premise

英語 / えいご / English

(1) This movie is based on a true story.

(2) Hiragana and katakana shapes are based on kanji.

(3) Science is based on very careful observations.

(4) His argument is based on false premises.

(5) He was hired on the basis of his experience.

(6) You must not evaluate a person based solely on rumor alone.

ひらがな / Hiragana

(1) この えいがは じつわにもとづいて いる / もとづいて います。

(2) ひらがな、かたかなの かたちは かんじにもとづいて いる / もとづいて います。

(3) かがくは ひじょうに めんみつな かんさつにもとづいて いる / もとづいて います。

(4) かれの ぎろんは あやまった ぜんてい にもとづいて いる / もとづいて います。

(5) かれは けいけんにもとづいて やとわれたわれた / やとわれました。

(6) うわさ だけにもとづいて ひとの ひょうかを しては ならない / ひょうかを しては なりません。

ローマ字 / Roman letters

(1) Kono eiga wa jitsuwa ni motozuite iru/ motozuite imasu.

(2) Hiragana, katakana no katachi wa kanji ni motozuite iru/ motozuite imasu.

(3) Kagaku wa hijô ni menmitsuna kansatsu ni motozuite iru/ motozuite imasu.

(4) Kare no giron wa ayamatta zentei ni motozuite iru/ motodzuite imasu.

(5) Kare wa keiken ni motozuite yatowa reta/ yatowa remashita.

(6) Uwasa dake nimotozuite hito no hyôka o shite wa naranai/ hyôka o shite wa narimasen.

にもかかわらず (nimo kakawarazu): despite, in spite of, although

Meaning:
despite; in spite of; nevertheless; although

Formation:
Verb-casual + にもかかわらず
Noun +（である）にもかかわらず
い adj + にもかかわらず
な adj +（である）にもかかわらず

日本語 / にほんご / Japanese
(1) 少女は病気にもかかわらず、学校へいった / 学校へ行きました。
(2) 雨にもかかわらず大勢の人が集まっている / 集まっています。
(3) 裕福であるにもかかわらず、彼は幸福ではない / 幸福ではありません。
(4) ひどい渋滞にもかかわらず、私は定刻に間に合った / 間に合いました。
(5) 資金が十分なかったにもかかわらず、私たちはプロジェクトを進めた / 進めました。
(6) 資源が乏しいにもかかわらず、国際貿易のおかげで日本は経済大国になった / 経済大国になりました。

ことばと表現 / Words & Expressions
大勢の人【おおぜいのひと】many people
裕福【ゆうふく】wealthy
渋滞【じゅうたい】traffic jam
国際貿易【こくさいぼうえき】international trade
おかげで【--】thanks to
大国【たいこく】superpower

英語 / えいご / English
(1) The girl went to school in spite of her illness.
(2) Despite the rain, many people gather together.
(3) Though he is wealthy he is not happy.
(4) In spite of the terrible traffic jam, I was in time for the appointed time.
(5) We went ahead with the project even though we didn't have enough money.
(6) Though it is poor in natural resources, Japan has become an economic superpower thanks to international trade.

ひらがな / Hiragana
(1) しょうじょは びょうき にもかかわらず、がっこうへ いった / がっこうへ いきました。
(2) あめ にもかかわらず おおぜいの ひとが あつまって いる / あつまっています。

(3) ゆうふくである にもかかわらず、かれは こうふく ではない / こうふく ではありません。

(4) ひどい じゅうたい にもかかわらず、わたしは ていこくに まにあった / まにあいました。

(5) しきんが じゅうぶんなかった にもかかわらず、わたしたちは ぷろじぇくとを すすめた / すすめました。

(6) しげんが とぼしい にもかかわらず、こくさい ぼうえきの おかげで にほんは けいざい たいこく になった / けいざいたいこくになりました。

ローマ字 / Roman letters

(1) Shôjo wa byôki nimokakawarazu, gakkô e itta/ gakkô e ikimashita.

(2) Ame nimokakawarazu ôzei no hito ga atsumatte iru/ atsumatte imasu.

(3) Yûfuku dearu nimo kakawarazu, kare wa kôfukude wanai/ kôfukude wa arimasen.

(4) Hidoi jûtai nimokakawarazu, watashi wa teikoku ni maniatta/ maniaimashita.

(5) Shikin ga jûbun nakatta nimokakawarazu, watashitachi wa purojekuto o susumeta/ susumemashita.

(6) Shigen ga toboshî nimokakawarazu, kokusai bôeki no okage de Nihon wa keizai taikoku ni natta/ keizai taikoku ni narimashita.

に向かって (ni mukatte): towards, to face, to head to

Meaning:
to face; to go towards; to head to

Formation:
Noun + に向かって / に向けて

日本語 / にほんご / Japanese
(1) 私は今、仕事に向かっている / 向かっています。
(2) 飛行機は東に向かって飛んだ / 飛びました。
(3) 両者は解決に向けて一歩踏み出した / 踏み出しました。
(4) 選手たちはゴールに向けて全速力で走っている / 走っています。
(5) 兵士達は警戒しながら国境に向かって進んだ / 進みました。
(6) そのオオカミは絶滅に向かっている / 向かっています。

ことばと表現 / Words & Expressions
一歩踏み出す【いっぽ・ふみだす】to take a step
全速力で【ぜんそくりょく・で】at full speed
国境【こっきょう】the frontier, border
絶滅【ぜつめつ】extinction

英語 / えいご / English

(1) I am heading to work now.

(2) The plane flew east.

(3) Both parties took a step towards a solution.

(4) The players are running toward the goal at full speed.

(5) The soldiers headed for the frontier with caution.

(6) The wolves are heading toward extinction.

ひらがな / Hiragana

(1) わたしは いま、しごとにむかっている / むかっています。

(2) ひこうきは ひがしにむかって とんだ / とびました。

(3) りょうしゃは かいけつにむけて いっぽ ふみだした / ふみだしました。

(4) せんしゅたちは ごーるにむけて ぜんそくりょくで はしっている / はしっています。

(5) へいしたちは けいかいしながら こっきょうに むかって すすんだ / すすみました。

(6) そのおおかみは ぜつめつにむかっている / むかっています。

ローマ字 / Roman letters

(1) Watashi wa ima, shigoto ni mukatte iru/ mukatte imasu.

(2) Hikôki wa higashi ni mukatte tonda/ tobimashita.

(3) Ryôsha wa kaiketsu ni mukete ippo fumidashita/ fumidashimashita.

(4) Senshu-tachi wa gôru ni mukete zensokuryoku de hashitte iru/ hashitte imasu.

(5) Heishi-tachi wa keikai shinagara kokkyô ni mukatte susunda/ susumimashita.

(6) Sono ookami wa zetsumetsu ni mukatte iru/ mukatte imasu.

に応じて (ni oujite): depending on, in accordance with

Meaning:
depending on; in accordance with

Formation:
Noun + に応じて / に応じた

日本語 / にほんご / Japanese
(1) 私たちは予算に応じてコース料理を計画する / 計画します。
(2) 彼の会社は必要に応じて通訳を依頼している / 依頼しています。
(3) 給料は年齢と経験に応じて決まっている / 決まっています。
(4) あなたは状況に応じて物事に対処すべきだ / 対処すべきです。
(5) 経済活動の大きさに応じてマネーサプライは伸び縮みする / 伸び縮みします。
(6) 総理大臣の求めに応じて彼は首相官邸の料理人になった / 料理人になりました。

ことばと表現 / Words & Expressions
通訳【つうやく】interpreter
年齢【ねんれい】age
対処する【たいしょする】deal with
総理大臣【そうりだいじん】the Prime Minister;
首相官邸【しゅしょう・かんてい】Prime Minister's Office
料理人【りょうりにん】chef

英語 / えいご / English
(1) We'll plan a set meal according to our funds.
(2) His company requests interpreters when needed.
(3) The salary is fixed according to age and experience.
(4) You should deal with matters according to the situation.
(5) Money supply will grow and shrink depending on the size of economic activity.
(6) He became the Prime Minister's Office's chef at the Prime minister's request.

ひらがな / Hiragana
(1) わたしたちは よさんに おうじて こーすりょうりを けいかくする / けいかくします。
(2) かれの かいしゃは ひつように おうじて つうやくを いらいしている / いらいしています。

(3) きゅうりょうは ねんれいと けいけんにおうじて きまっている / きまっています。

(4) あなたは じょうきょうにおうじて ものごとに たいしょすべきだ / たいしょすべきです。

(5) けいざいかつどうの おおきさにおうじて まねーさぷらいは のびちぢみする / のびちぢみします。

(6) そうりだいじんの もとめにおうじて かれは しゅしょうかんていの りょうりにんになった / りょうりにんになりました。

ローマ字 / Roman letters

(1) Watashitachi wa yosan ni ôjite koosu ryôri o keikaku suru/ keikaku shimasu.

(2) Kare no kaisha wa hitsuyôni oujite tsûyaku o irai shite iru/ irai shite imasu.

(3) Kyûryô wa nenrei to keiken ni ôjite kimatte iru/ kimatte imasu.

(4) Anata wa jôkyô ni ôjite monogoto ni taisho subekida/ taisho subekidesu.

(5) Keizai katsudô no ooki-sa ni ôjite manêsapurai wa nobichidjimi suru/ nobichidjimi shimasu.

(6) Sôri daijin no motome ni ôjite kare wa shushô kantei no ryôri nin ni natta/ ryôri nin ni narimashita.

に際して (ni sai shite): on the occasion of, at the time of

Meaning:
on the occasion of; at the time of

Formation:
Verb-dictionary form + に際して（は）
Noun + に際して（は）

日本語 / にほんご / Japanese
(1) 仕事選びに際して、福利厚生は重要だ / 重要です。
(2) 彼の結婚に際して、披露宴が開かれた / 開かれました。
(3) 試験に際しては、携帯電話の電源を切ってください。
(4) 図書館のご利用に際しては、以下の規則に従ってください。
(5) 卒業に際して、私たちは感謝の印として彼に置き時計を贈った / 贈りました。
(6) 大規模な組織変更に際して、その企業では変革への抵抗があった / 抵抗がありました。

ことばと表現 / Words & Expressions
福利厚生【ふくりこうせい】Benefits
披露宴【ひろうえん】wedding party
従う【したがう】to follow
感謝の印【かんしゃのしるし】a token of our thanks

置き時計【おきどけい】table clock
組織変更【そしきへんこう】reorganization
抵抗【ていこう】resistance

英語 / えいご / English
(1) Benefits are important when choosing a job.
(2) A wedding party was given on the occasion of his marriage.
(3) Please turn your cellphones off during the test.
(4) Please follow the rules below when you use the library.
(5) On leaving school, we presented him with a table clock as a token of our thanks.
(6) In that company, there was resistance to change during the large-scale reorganization.

ひらがな / Hiragana
(1) しごとえらびにさいして、ふくりこうせいは じゅうようだ / じゅうようです。
(2) かれの けっこんにさいして、ひろうえんが ひらかれた / ひらかれました。
(3) しけんにさいしては、けいたいでんわの でんげんを きってください。

(4) としょかんの ごりように さいしては、いかの るーるに したがってください。

(5) そつぎょうにさいして、わたしたちは かんしゃの しるしとして かれに おきどけいを おくった / おくりました。

(6) だいきぼな そしきへんこうにさいして、その きぎょうでは へんかくへの ていこうがあった / ていこうがありました。

ローマ字 / Roman letters

(1) Shigoto erabi ni saishite, fukuri kôsei wa jûyôda/ jûyôdesu.

(2) Kare no kekkon ni saishite, hirôen hirakareta/ hirakare mashita.

(3) Shiken ni saishite wa, geitaidenwa no dengen o kitte kudasai.

(4) Toshokan no go riyô ni saishite wa, ika no kisoku ni shitagatte kudasai.

(5) Sotsugyô ni saishite, watashitachiha kanshanoshirushitoshite kare ni okidokei o okutta/ okurimashita.

(6) Daikibona soshiki henkô ni saishite, sono kigyôde wa henkaku e no teikô ga atta/ teikô ga arimashita.

に先立ち (ni sakidachi): before, prior to

Meaning:
before; prior to

Formation:
Verb-dictionary form + に先立ち / に先立って / に先立つ
Noun + に先立ち / に先立って / に先立つ

日本語 / にほんご / Japanese
(1) 会議に先立ち彼らは夕食をとった / 夕食をとりました。
(2) 会議の開始に先立ち、新しいメンバーが紹介された / 紹介されました。
(3) 新製品の発売に先立ち、展示会が開かれた / 開かれました。
(4) 私は転職に先立ち、あの会社の年収査定を受けた / 受けました。
(5) 投票に先立って、各候補者がプレゼンテーションを行った / 行いました。
(6) 来店に先立って、事前に予約すると、当日の案内がスムーズになる / スムーズになります。

ことばと表現 / Words & Expressions
展示会【てんじかい】exhibition
転職【てんしょく】job change
年収査定【ねんしゅう・さてい】annual income assessment
候補者【こうほしゃ】candidate

英語 / えいご / English
(1) Prior to the meeting, they had dinner.
(2) Before the meeting began, new members were introduced.
(3) Before the new product goes on sale, an exhibition will be opened.
(4) I took an annual income assessment of that firm in preparation a job change.
(5) Before the voting, each candidate made a presentation.
(6) By making a reservation before visiting the store, the service procedures on the day that you visit will be smoother.

ひらがな / Hiragana
(1) かいぎ にさきだち かれらは ゆうしょくを とった / ゆうしょくを とりました。
(2) かいぎの かいし にさきだち、あたらしい めんばーが しょうかいされた / しょうかいされました。
(3) しんせいひんの はつばい にさきだち、てんじかいが ひらかれた / ひらかれました。
(4) わたしは てんしょく にさきだち、あの かいしゃの ねんしゅう さていを うけた / うけました。
(5) とうひょう にさきだって、かくこうほしゃが ぷれぜんてーしょんを おこなった / おこないました。
(6) らいてん にさきだって、じぜんに よやくすると、とうじつの あんないが すむーずになる / すむーずになります。

ローマ字 / Roman letters

(1) Kaigi ni sakidachi kare wa yûshoku o totta/ yûshoku o torimashita.

(2) Kaigi no kaishi ni sakidachi, atarashî kaîn ga shôkai sa reta/ shôkai sa remashita.

(3) Shinseihin no hatsubai ni sakidachi, tenji kai ga hirakareta / hirakaremashita.

(4) Watashi wa tenshoku ni sakidachi, ano kaisha no nenshû satei o uketa/ ukemashita.

(5) Tôhyô ni sakidatte, kaku kôho-sha ga purezenteeshon o okonatta/ okonaimashita.

(6) Raiten ni sakidatte, jizen ni yoyaku suru to, tôjitsu no an'nai ga summûzu ni naru/ sumûzu ni narimasu.

にしろ / にせよ (ni shiro/ni seyo): though, even if, whether… or

Meaning:

even though; even if; whether… or

Formation:

Verb-casual + にしろ / にせよ
Noun + (である) にしろ / にせよ
い adj + にしろ / にせよ
な adj + (である) にしろ / にせよ

日本語 / にほんご / Japanese

(1) 研修に参加しないにせよ、私たちに連絡して / 連絡してください。

(2) たった三日の旅行にせよ、私たちは準備が必要だ / 必要です。

(3) いくら忙しいにせよ、食事をしないのはよくない / よくないです。

(4) 熱が下がったにしろ、しばらく安静が必要だ / 必要です。

(5) どういう結果になるにしろ、あなたは試すべきだ / 試すべきです。

(6) たとえ社長になったにしろ質素な生活を送る方がいい / 送る方がいいです。

ことばと表現 / Words & Expressions
研修【けんしゅう】training
安静にする【あんせい・にする】to rest quietly in bed
質素な生活を送る【しっそなせいかつをおくる】to lead a simple life

英語 / えいご / English
(1) Even if you're not participating in training, please contact us.
(2) Even though it's only a three-day trip, we still need to prepare.
(3) How so ever busy you may be, skipping the meals is not good.
(4) Even though your temperature has come down, you still need to rest quietly in bed.
(5) No matter the outcome, you at least should try.
(6) Even if you become company President, it's better to lead a simple life.

ひらがな / Hiragana
(1) けんしゅうに さんかしない にせよ わたしたちに れんらくして / れんらくしてください。
(2) たった みっかの りょこう にせよ、わたしたちは じゅんびが ひつようだ / ひつようです。

(3) いくら いそがしい にせよ しょくじを しないのは よくない ／ よくないです。

(4) ねつが さがったにしろ、しばらく あんせいが ひつようだ ／ ひつようです。

(5) どういう けっかになるにしろ、あなたはためすべきだ ／ ためすべきです。

(6) たとえ しゃちょうに なったにしろ しっそな せいかつを おくるほうがいい ／ おくるほうがいいです。

ローマ字　/ Roman letters

(1) Kenshu ni sanka shinai ni seyo, watashitachi ni renraku shite/ renraku shite kudasai.

(2) Tatta mikka no ryokô ni seyo, watashitachi wa junbi ga hitsuyô da/ hitsuyô desu.

(3) Ikura isogashî ni seyo, syokuji o shinai no wa yokunai/ yokunaidesu.

(4) Netsu ga sagatta ni shiro, shibaraku ansei ga hitsuyô da/ hitsuyôdesu.

(5) Dôiu kekka ni narunishiro, anata wa tamesu beki da/ tamesubeki desu.

(6) Tatoe shachô ni natta ni shiro shissona seikatsu o okuru hô ga î / okuru hô ga îdesu.

にしろ〜にしろ (ni shiro~ni shiro): whether … or

Meaning:
whether… or…

Formation:
Verb-dictionary form + にしろ / にせよ + Verb- ない form + にしろ / にせよ
Noun + にしろ / にせよ + Noun + にしろ / にせよ
い adj + にしろ / にせよ + い adj + にしろ / にせよ
な adj + にしろ / にせよ + な adj + にしろ / にせよ

日本語 / にほんご / Japanese
(1) 彼に同意するにせよしないにせよ、私は彼を支持する / 支持します。
(2) 旅行に行くにせよ、行かないにせよ、早く決めたほうがいい / 決めた方がいいです。
(3) その仕事を引き受けるにせよ引き受けないにせよ、なるべく早く決めたほうがいい / 決めた方がいいです。
(4) 就職するにしろ進学するにしろ、あなた自身でよく考えるべきだ / 考えるべきです。
(5) 勝つにしろ負けるにしろ、私たちは全力を尽くして戦いたい / 戦いたいです。
(6) 少年にしろ、成人にしろ、悪いことをしたら、厳しい罰を受けるべきだ / 受けるべきです。

ことばと表現 / Words & Expressions
仕事を引き受ける【しごとをひきうける】accepting the job
全力を尽くして戦う【ぜんりょくをつくしてたたかう】to fight to the last breath

英語 / えいご / English
(1) Whether you agree with him or not, I support him.
(2) You should decide soon whether or not you're going to take a trip.
(3) Whether you're accepting the job or not, you should decide quickly.
(4) Whether you'll work or study higher, you should think carefully by yourself.
(5) Whether we're gonna win or lose, we want to fight to the last breath.
(6) Whether a juvenile or an adult, if someone does something bad, he/she should receive strict punishment.

ひらがな / Hiragana
(1) かれに どういする にせよ しないにせよ、わたしは かれを しじする / しじします。
(2) りょこうに いく にせよ、いかない にせよ、はやく きめた ほうがいい / はやく きめた方がいいです。

(3) そのしごとを　ひきうけるにせよ　ひきうけないにせよ、なるべく　はやく　きめたほうがいい　/　きめたほうがいいです。

(4) しゅうしょくするにしろ　しんがくするにしろ、あなた　じしんで　よく　かんがえるべきだ　/　かんがえるべきです。

(5) かつにしろ　まけるにしろ、わたしたちは　ぜんりょくを　つくして　たたかいたい　/　たたかいたいです。

(6) しょうねんにしろ、せいじんにしろ、わるいことをしたら、きびしい　ばつをうけるべきだ　/　うけるべきです。

ローマ字　/ Roman letters

(1) Kare ni dôi suru ni seyo shinaini seyo, watashi wa kare o shiji suru/ shiji shimasu.

(2) Ryokô ni ikuni seyo, ikanaini seyo, hayaku kimeta hô ga î/ kimeta hô ga îdesu.

(3) Sono shigoto o hikiukeru ni seyo hikiukenai niseyo, narubeku hayaku kimetta hô ga î/ kimeta hô ga îdesu.

(4) Shûshoku suru ni shiro shingaku suru ni shiro, anata jishin de yoku kangaerubekida/ kangaerubeki desu.

(5) Katsu ni shiro makeru ni shiro, watashitachi wa zenryoku o tsukushite tatakaitai/ tatakaitaidesu.

(6) Shônen ni shiro, seijin ni shiro, waruikoto o shitara, kibishî batsu o ukerubekida/ ukeru bekidesu.

に従って (ni shitagatte): as, therefore

Meaning:
as; therefore; in accordance with; according to; consequently

Formation:
Verb-dictionary form + に従って / に従い
Noun + に従って / に従い

日本語 / にほんご / Japanese
(1) これから私はこのアジェンダに従って説明していく / 説明していきます。
(2) 私はあなたのコメントに従って、文章を修正する / 修正します。
(3) 一般的に言って、収入が増えるに従って、支出も増える / 増えます。
(4) ご要望に従って私の写真を同封する / 同封します。
(5) あなたは自分の良心に従い行動すべきだ / 行動すべきです。
(6) こうした２国間の紛争は、国際法に従い解決されるべきだ / 解決されるべきです。

ことばと表現 / Words & Expressions
修正する【しゅうせいする】to revise
支出【ししゅつ】expenditure
同封する【どうふう・する】to enclose
紛争【ふんそう】dispute
国際法【こくさいほう】international law

英語 / えいご / English
(1) From now on I will explain following this agenda.
(2) I revised the sentences according to your comments.
(3) Generally speaking, as our income increases, our expenditure increases accordingly.
(4) In accordance with your request, I enclose a picture of myself.
(5) You should act according to your conscience.
(6) These disputes between the two nations should be solved in accordance with international law.

ひらがな / Hiragana
(1) これから わたしは このあじぇんだにしたがって せつめいしていく / せつめいしていきます。
(2) わたしは あなたの こめんとにしたがって、ぶんしょうを しゅうせいする / しゅうせいします。
(3) いっぱんてきに いって、しゅうにゅうが ふえるにしたがって、ししゅつも ふえる / ふえます。

(4) ごようぼうにしたがって わたしの しゃしんを どうふうする / どうふうします。

(5) あなたは じぶんの りょうしんにしたがい こうどう すべきだ / こうどう すべきです。

(6) こうした にこくかんの ふんそうは、こくさいほうにしたがい かいけつされる べきだ / かいけつされる べきです。

ローマ字 / Roman letters

(1) Korekara watashi wa kono ajenda ni shitagatte setsumei shite iku/ setsumei shite ikimasu.

(2) Watashi wa anata no komento ni shitagatte, bunshô o shûsei suru/ shûsei shimasu.

(3) Ippantekini itte, shûnyû ga fueru ni shitagatte, shishutsu mo fueru/ fuemasu.

(4) Goyôbô ni shitagatte watashi no shashin o dôfû suru/ dôfû shimasu.

(5) Anata wa jibun no ryôshin ni shitagai kôdô subekida/ kôdô subekidesu.

(6) Kôshita ni koku-kan no funsô wa, kokusai-hô ni shitagai kaiketsu sa rerubekida/ kaiketsu sa rerubekidesu.

にしたら (ni shitara): from the point of view of

Meaning:
from one's perspective; from the point of view of

Formation:
Noun + にしたら / にすれば

日本語 / にほんご / Japanese
(1) 猫にしたら、今日の夕飯は不満かもしれない　/　不満かもしれません。
(2) 子供にしたら、歴史博物館めぐりはつまらないだろう　/　つまらないでしょう。
(3) 彼女にしたら、わたしたちの親切はかえって迷惑かもしれない　/　迷惑かもしれません。
(4) 消費者にしたら、牛肉の値段は十分下がっていない　/　下がっていません。
(5) 買い手にすれば、これらの食洗機の値段は高すぎる　/　高すぎます。
(6) 経営者にすればボーナスは低いほうがいいが、社員にすれば1,000円でも高いほうがいい　/　高い方がいいです。

ことばと表現 / Words & Expressions
めぐり【---】tour
消費者【しょうひしゃ】consumer
食洗機【しょくせんき】dishwasher

英語 / えいご / English

(1) From my cat's point of view, he may be dissatisfied with dinner of the day.
(2) From a child's perspective, the tour of the history museums will be boring.
(3) From her point of view, our kindness might be a nuisance instead.
(4) From the consumer's point of view, beef prices have not gone down enough.
(5) From the buyer's point of view, the prices of these Dishwashers are too high.
(6) From the manager's point of view, a smaller bonus would be better, but from the employee's point of view, even 1,000 yen would be better.

ひらがな / Hiragana

(1) ねこにしたら、きょうの ゆうはんは ふまん かもしれない / ふまん かもしれません。
(2) こどもにしたら、れきし はくぶつかん めぐりは つまらないだろう / つまらないでしょう。
(3) かのじょにしたら、わたしたちの しんせつは かえって めいわくかもしれない / めいわくかもしれません。
(4) しょうひしゃにしたら、ぎゅうにくの ねだんは じゅうぶん さがっていない / さがっていません。
(5) かいてにすれば、これらの しょくせんきの ねだんは たかすぎる / たかすぎます。

(6) けいえいしゃにすれば ぼーなすは ひくい ほうがいいが、しゃいんにすれば せんえんでも たかいほうがいい ／ たかいほうがいいです。

ローマ字　/ Roman letters

(1) Neko ni shitara, kyô no yûhan wa fuman kamo shirenai/ fuman kamo shiremasen.

(2) Kodomo ni shitara, rekishi hakubutsukan meguri wa tsumaranaidarô/ tsumaranaideshô.

(3) Kanojo ni shitara, watashi-tachi no shinsetsu wa kaette meiwaku kamo shirenai/ meiwaku kamo shiremasen.

(4) Shôhisha ni shitara, gyûniku no nedan wa jûbun sagatte inai/ sagatte imasen.

(5) Kaite ni sureba, korera no shokusenki no nedan wa taka sugiru/ taka sugimasu.

(6) Keiei-sha ni sureba boonasu wa hikui hô ga îga, shain ni sureba sen en demo takai hô ga î/ takai hôga îdesu.

にしても〜にしても (ni shite mo~ni shite mo): regardless of whether

Meaning:
regardless of whether

Formation:
Verb-casual 1 + にしても + Verb-casual 2 + にしても
Noun 1 + にしても + Noun 2 + にしても
い adj 1 + にしても + い adj 2 + にしても
な adj 1 + にしても + な adj 2 + にしても

日本語 / にほんご / Japanese
(1) 借りるにしても買うにしても、この部屋は十分大きい / 大きいです。
(2) 疲れているにしても疲れていないにしても、彼は作業を続けた / 続けました。
(3) タイに行くにしても行かないにしても、早く決断しなさい / 決断してください。
(4) 資格を持っているにしても持っていないにしても、あなたはこの仕事に従事できる / 従事できます。
(5) フクロウにしてもハリネズミにしても、私は彼らをペットとして歓迎する / 歓迎します。
(6) 高いにしても安いにしても、必要なものは買わなければならない / 買わなければなりません。

ことばと表現 / Words & Expressions

決断する【けつだん・する】to make up one's mind
従事する【じゅうじ・する】to practice, to engage
ハリネズミ【はりねずみ】hedgehog

英語 / えいご / English

(1) This room is big enough for rent or purchase.
(2) He carried on working, regardless of whether he was tired or not.
(3) Whether you're going to Thailand or not, please make up your mind quickly.
(4) You can do this job regardless of whether you have qualifications or not.
(5) Regardless of whether they are owls or hedgehogs, I welcome them as pets.
(6) You must buy what you need whether it's expensive or not.

ひらがな / Hiragana

(1) かりるにしても かうにしても、このへやは じゅうぶん おおきい / おおきいです。
(2) つかれているにしても つかれていないにしても、かれは さぎょうを つづけた / つづけました。
(3) たいに いくにしても いかないにしても、はやく けつだんしなさい / けつだんしてください。

(4) しかくを もっているにしても もっていないにしても、あなたは このしごとに じゅうじできる / じゅうじできます。

(5) ふくろうにしても はりねずみにしても、わたしは かれらを ぺっととして かんげいする / かんげいします。

(6) たかいにしても やすいにしても、ひつようなものは かわなければならない / かわなければなりません。

ローマ字 / Roman letters

(1) Kariru nishitemo kau ni shitemo, kono heya wa jûbun ookî/ ookîdesu.

(2) Tsukarete iru ni shitemo tsukarete inai ni shitemo, kare wa sagyô o tsuzuketa/ tsuzuke mashita.

(3) Tai ni ikuni shitemo ikanai ni shitemo, hayaku ketsudan shinasai/ ketsudan shite kudasai.

(4) Shikaku o motte iru ni shitemo motteinai ni shitemo, anata wa kono shigoto ni jûji dekiru/ jûji dekimasu.

(5) Fukurô ni shite mo harinezumi ni shite mo, watashi wa karera o petto to shite kangei suru/ kangei shimasu.

(6) Takai ni shite mo yasui ni shite mo, hitsuyouna mono wa kawanakereba naranai/ kawanakereba nari masen.

に相違ない (ni soui nai): without a doubt, certain, sure

Meaning:
without a doubt; certain; sure

Formation:
Verb-casual + に相違ない
Noun +（である）に相違ない
い adj + に相違ない
な adj +（である）に相違ない

日本語 / にほんご / Japanese
(1) この計画を実行するのは困難に相違ない / 相違ありません。
(2) 姉はこの選挙で選出されるに相違ない / 相違ありません。
(3) その情報を漏らしたのは弟に相違ない / 相違ありません。
(4) 音から判断すると爆発があったに相違ない / 相違ありません。
(5) この紛争の背後にはだれか扇動者がいるに相違ない / 相違ありません。
(6) 私の猫はこの惑星で一番かわいい猫であるに相違ない / 相違ありません。

ことばと表現 / Words & Expressions
選挙【せんきょ】election
漏らす【も・らす】to leak
爆発【ばくはつ】explosion
紛争【ふんそう】disturbance
背後【はいご】behind
扇動者【せんどうしゃ】agitator
惑星【わくせい】planet

英語 / えいご / English
(1) This plan will definitely be difficult to put into action.
(2) My elder sister will definitely be elected this election.
(3) The one who leaked that information must be my younger brother.
(4) Judging by the noise, there has to have been an explosion.
(5) Someone must be behind this disturbance.
(6) Without a doubt, my cat is the cutest cat on this planet.

ひらがな / Hiragana
(1) このけいかくを じっこうするのは こんなんに そういない / そういありません。

(2) あねは このせんきょで せんしゅつされるに そういない / そういありません。

(3) そのじょうほうを もらしたのは おとうとに そういない / そういありません。

(4) おとから はんだんすると ばくはつがあったに そういない / そういありません。

(5) このふんそうの はいごには だれか せんどうしゃが いるに そういない / そういありません。

(6) わたしの ねこは このわくせいで いちばん かわいい ねこであるに そういない / そういありません。

ローマ字 / Roman letters

(1) Kono keikaku o jikkô suru no wa kon'nan ni sôinai/ sôi arimasen.

(2) Ane wa kono senkyo de senshutsu sa reru ni sôinai/ sôi arimasen.

(3) Sono jôhô o morashita no wa otôto ni sôinai/ sôi arimasen.

(4) Oto kara handan suru to bakuhatsu ga atta ni sôinai/ sôi arimasen.

(5) Kono funsô no haigo ni wa dare ka sendô-sha ga iru ni sôinai/ sôi arimasen.

(6) Watashi no neko wa kono wakusei de ichiban kawaî neko dearu ni sôinai/ sôi arimasen.

に沿って (ni sotte): along with, in accordance with

Meaning:
along with; in accordance with

Formation:
Noun + に沿って / に沿い / に沿う / に沿った

日本語 / にほんご / Japanese
(1) ゲイリーは川に沿って散歩した / 散歩しました。
(2) 私たちは海岸に沿って歩いた / 歩きました。
(3) 通りに沿って桜が植えられている / 植えられています。
(4) 通りに沿って私たちはパレードが進んでいくのを見た / 見ました。
(5) 私たちは彼の計画に沿って物事を進めた / 進めました。
(6) 会社の経営方針に沿って、来年度の計画が立てられた / 立てられました。

ことばと表現 / Words & Expressions
物事を進める【ものごと を すすめる】to go
経営方針【けいえいほうしん】managerial policy

英語 / えいご / English

(1) Gary took a walk along the river.
(2) We walked along the beach.
(3) Cherry trees are planted along the street.
(4) We saw the parade move down the street.
(5) We went along with his plans
(6) In line with the company's managerial policy, the plans for the next fiscal year were made.

ひらがな / Hiragana

(1) げいりーは かわ にそって さんぽした / さんぽしました。
(2) わたしたちは かいがん にそって あるいた / あるきました。
(3) とおり にそって さくらが うえられている / うえられています。
(4) とおり にそって わたしたちは ぱれーどが すすんでいくのを みた / みました。
(5) わたしたちは かれの けいかく にそって ものごとを すすめた / すすめました。
(6) かいしゃの けいえいほうしん にそって、らいねんどの けいかくが たてられた / たてられました。

ローマ字 / Roman letters

(1) Gêrî wa kawa ni sotte sanpo shita/ sanpo shimashita.

(2) Watashitachi wa kaigan ni sotte aruita/ arukimashita.

(3) Tôri ni sotte sakura ga ue rarete iru/ ue rarete imasu.

(4) Tôri ni sotte watashitachi wa parêdo ga susunde iku no o mita/ mimashita.

(5) Watashitachi wa kare no keikaku ni sotte monogoto o susumeta/ susumemashita.

(6) Kaisha no keiei hôshin ni sotte, rainendo no keikaku ga tate rareta/ tate raremashita.

に過ぎない (ni suginai): no more than, just, merely

Meaning:
no more than; just; merely; only

Please note that に過ぎない is not usually used with adjectives.

Formation:
Verb-casual +（だけ）に過ぎない
Noun + に過ぎない
い adj + だけに過ぎない
な adj + なだけに過ぎない

日本語 / にほんご / Japanese
(1) それらは序章に過ぎない / 序章に過ぎません。
(2) あれは混乱期の始まりに過ぎない / 始まりに過ぎません。
(3) 私にとってそれは単なる通過点に過ぎない / 通過点に過ぎません。
(4) 市長の計画は空想に過ぎない / 空想に過ぎません。
(5) 日本にまだ忍者がいるというのは、誤解に過ぎない / 誤解に過ぎません。
(6) 日本語が話せると私は言ったけれど、簡単な表現を使えるに過ぎません / 使えるに過ぎません。

ことばと表現 / Words & Expressions
序章【じょしょう】preface
混乱期【こんらんき】period of confusion
通過点【つううかてん】check point
空想【くうそう】fantasy

英語 / えいご / English
(1) Those are nothing more than a preface.
(2) That was nothing more than the start of a period of confusion.
(3) That is nothing but a simple checkpoint for me.
(4) The mayor's plan is sheer fantasy.
(5) It is merely misunderstanding that there is still the ninja in Japan.
(6) I can only use simple expressions in Japanese.

ひらがな / Hiragana
(1) それらは じょしょう にすぎない / じょしょう にすぎません。
(2) あれは こんらんきの はじまり にすぎない / はじまり にすぎません。
(3) わたしにとって それは たんなる つうかてん にすぎない / つうかてん にすぎません。

(4) しちょうの けいかくは くうそう にすぎない / くうそう にすぎません。

(5) にほんに まだ にんじゃがいる というのは、ごかい にすぎない / ごかい にすぎません。

(6) にほんごが はなせると わたしは いったけれど、かんたんな ひょうげんを つかえる にすぎない / つかえる にすぎません。

ローマ字 / Roman letters

(1) Sorera wa joshô ni suginai/ joshô ni sugimasen.

(2) Are wa konran-ki no hajimari ni suginai/ hajimari ni sugimasen.

(3) Watashi ni totte sore wa tan'naru tsûka-ten nisuginai/ tsûka-ten ni sugimasen.

(4) Shichô no keikaku wa kûsô nisuginai/ kûsô ni sugimasen.

(5) Nihon ni mada ninja ga iru to iu no wa, gokai ni suginai/ gokai ni sugimasen.

(6) Nihongo ga hanaseru to watashi wa ittakeredo, kantan'na hyôgen o tsukaeru ni sugimasen/ tsukaeru ni sugimasen.

■ A simple way to build vocabulary in a foreign language through the Read-Aloud Method

What can you do to build your vocabulary in your target foreign language? I would like to introduce one of my methods to build vocabulary effectively.

Some people use word books, flash cards, and smartphone applications to build vocabulary. I have tried such methods during junior high school days.

However, I concluded that those methods were inefficient, and I have stopped using them. I am always interested in how words and expressions that I try to remember are used in a specific context. If I remember words and expressions without context, I will not be able to use the words and expressions with confidence in communicating with others (not only speaking but also writing). That's why I do not like to remember words and expressions without context.

For example, I heard the word "to boost" for the first time in my workplace. My coworker said that we needed strategies to boost our app downloads. Since I worked for a company that provided apps for consumers at that time, it was not difficult for me to imagine that to boost something means "to increase" or "to improve" something.

After that, I began to wonder if I could use this expression with language skills and memorization techniques. After checking several articles related to language skills, I found many writers used "to boost" with language skills or memorizing. Since then I have been using the expression in actual conversation including in my Japanese lessons. For instance, "You can boost your Japanese communications skills with this method!"

Memorizing Words and Expressions in Context

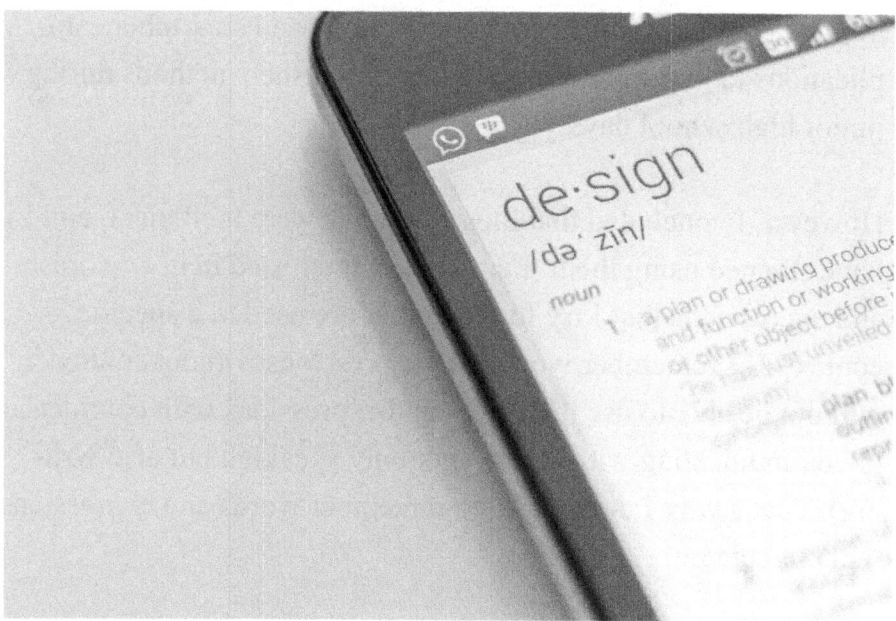

I always try to remember new words and expressions by reading short articles and stories. This helps me remember not only new words and expressions but also how to make sure they are used in a specific context and fit together with other words and expressions. As a result of this method, you can confidently use words and expressions you acquired without hesitation in real situations. This is a very important point, especially when speaking a foreign language. If you try to figure out whether words and expressions are suitable or not while speaking, it will be difficult for you to continue a conversation smoothly.

There are multiple advantages to remembering new words and expressions through articles and stories. Unlike computers, human beings are not good at memorizing things just through mechanical input without any ingenuity. On the other hand, we are good at memorizing information linked to a specific context. Context shapes the meaning in all communication. Content is a narrative. Most of our ways of understanding the world are narratives of one form or another. They help us remember new words and expressions we're trying to learn. Because understanding and memory are intertwined we shouldn't be surprised that they are

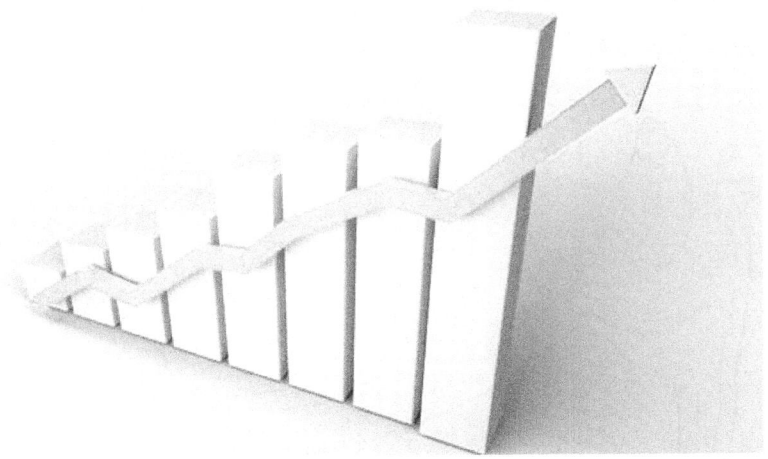

also very powerful mnemonic devices.

Learning method

My learning method is not complicated at all. You just need to read out loud (not silently!) articles or short stories that contain the words and expressions you want to acquire while thinking of the meaning of the words, sentences, and paragraphs.

When reading out loud, we form auditory links in our memory pathways. We remember ourselves saying it out loud, and so we not only form visuals, but we also form auditory links. Reading out loud causes us to remember better.

Time your reading and record the date and time

Time your reading with a stopwatch or a clock. Read each sentence out loud while trying to understand it. Record the date you read the text, and time how long it took you to finish reading the material from beginning to end.

When you start working on new content, you will notice that the time required to finish reading gets shorter and shorter each time you read it aloud. It means you have become faster at reading.

Reading aloud over time will speed up your brain's ability to recognize and understand expressions, sentences, and the whole content. With this method, you can see the growth quantitatively and objectively. This will give you motivation to keep up your studies.

Though it might feel tedious to do this over and over, timing your reading makes you notice even small changes in your growth. For example, you may feel that you are able to read some content very quickly. The reason why I always record the date is so that I can see how long ago I read that piece. For example, when I pick a piece to read, and I can see the date I last read it, I might think, "Oh, I haven't read this content in a few months. Let's refresh my memory which I might have lost…" The date tells you the timing when you need to refresh the memory.

How to pick content (articles or stories)

Regarding content, I consider it best to choose pieces that you can finish reading within 5 minutes or less. In my case, I find it a bit difficult to concentrate over 8 minutes. However, what should we do with long content that takes more than 5 minutes to read? If you finish reading the content within 7 minutes on the first round, you could shorten the time within 5 minutes after reading it out loud several times. On the other hand, if it took more than 8 minutes, it seems difficult to shorten it within 5 minutes. In that case, please divide the text into two, the first half and the second half. For example, there are long articles that take about more than 20 minutes to finish reading in total; I divide them into four parts.

Increasing the number of pieces to read aloud

When you read one piece 15 times or more, you will be able to understand not only its surface meaning but also its themes and deeper meanings as well as visualize it more specifically. Of course, I'm sure that you will remember the words and expressions used in it during the entire reading process. Once you feel

Vocabulary Building through Read-Aloud Method

1. Pick a reading material such as a newspaper article or a short story.

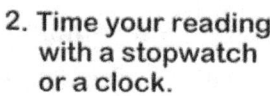

2. Time your reading with a stopwatch or a clock.

3. Read each sentence out loud and try to understand as you read.

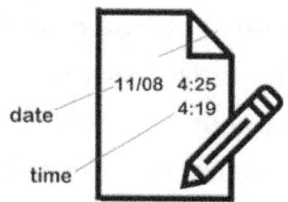

4. Record the date and time how long it took you to finish reading the material from the beginning to the end.

you fully understood the piece and remembered the words and expressions, it is time for you to add new content to increase your vocabulary.

After reading aloud the new content many times, please go back to previous content and read that aloud again to refresh your memory of words and expressions that you might have forgotten. If you repeat this process, you can keep words and expressions in a fresh state, and they become committed to long-term memory. As a result, you will be able to use them whenever you need them.

I hope this is useful for you.

■ Japanese Lessons on line

If you are interested in author's Japanese lessons, you can book them in the following URL:

https://www.italki.com/teacher/2757272

■ Send Us Your Feedback

Your feedback is highly appreciated and will help us to improve our books.

Please send your opinions and feedback to the following the author'address.

akuzawa@gmail.com

Made in the USA
Monee, IL
27 January 2023